NOUVELLES ESPAGNOLES

Paris.—Imprimerie J. VOISVENEL, rue du Croissant, 16.

C.

CHARLES HABENECK

NOUVELLES ESPAGNOLES

PRÉFACE

PAR

M. LOUIS JOURDAN

PARIS

DENTU, ÉDITEUR, PALAIS-ROYAL

(GALERIE D'ORLÉANS)

1860

PRÉFACE

Voici un amoureux qui, pour parler de sa maîtresse, arrive à propos, et arriver à propos c'est déjà faire preuve d'esprit.

Des affinités analogues à celles qui unissent les hommes entre eux nous lient à certaines terres de prédilection vers lesquelles nos sympathies et nos vœux nous entraînent. Il semble que notre âme y ait été attachée jadis, à travers des existences antérieures, par les liens du patriotisme et de la famille. Je sais bien que, pour mon compte, il est des pays que dès l'enfance j'ai aimés et que j'aime encore d'un filial amour. Devenu homme, je n'ai eu de repos qu'après les avoir visités, après leur avoir porté le tribut de mes plus actives sympathies. Ce sont comme de secondes patries tout ce qui les élève, tout ce qui leur arrive d'heureux nous réjouit; tout ce qui les amoindrit nous afflige.

L'auteur de ce livre éprouve ce sentiment avec une vivacité qui m'a charmé. Il aime l'Espagne avec passion ; il sait son histoire, il connaît toutes ses chroniques, il sait par cœur ses poëtes. Il avait à peine quitté les bancs du collége qu'il partait avec l'insouciante gaieté de son âge pour aller voir de près ce doux rêve de sa vie.

Etait-ce réminiscence ou prescience? Je ne sais, mais la langue espagnole, ses idiomes locaux lui devenaient tout à coup familiers. Il allait par les chemins, devisant avec les *arrieros*, et tout à coup initié aux mœurs populaires. Ce soleil, c'était le sien; ces montagnes, il les connaissait; ce paysage, il l'avait déjà vu; ces brises lui por—taient des parfums aimés. Et ainsi de ville en ville, seul ou en compagnie de quelque artiste amoureux, comme lui, de cette terre héroïque, il allait furetant tous les musées, étudiant les vieux monuments, s'asseyant au foyer des plus humbles familles. Il était chez lui, l'Espagne était son do—maine.

Les études qu'il publie aujourd'hui sont des fragments détachés d'une collection considérable de travaux, de notes, de souvenirs qui prendront

certainement quelque jour une forme plus sérieuse et plus magistrale, mais non plus attrayante.
La vie et toutes les effervescences de la jeunesse
circulent dans ces pages et leur donnent je ne sais
quel charme irrésistible, et je suis tout enchanté
de présenter au public une pareille œuvre et un
tel amoureux.

Il arrive à propos, disais-je. Et, en effet, voici
que cette noble nation, endormie depuis si longtemps, déchirée par les guerres civiles, s'éveille
tout à coup, non plus au bruit des castagnettes et
des sérénades, ou au tumulte des *pronunciamientos,*
mais au bruit de la vraie gloire. On la croyait
morte à tout autre frémissement qu'à celui du
plaisir, à toute autre émotion qu'à celle des
courses de taureaux; c'était la vieille Espagne
portant sur son front glorieux l'empreinte de la
sandale d'un moine, l'Espagne sombre sur laquelle planait le souvenir de Philippe II et de
Torquemada, ou l'Espagne galante qu'Alfred de
Musset vit à travers le prisme de sa jeunesse.

Du milieu de ces ruines, une nation nouvelle a
surgi, nation ardente et vivace qui revendique sa
place au soleil, qui veut prendre le rôle qu'elle
a le droit de remplir dans le mouvement de
la civilisation moderne. Industrie, commerce,

chemins de fer, institutions financières, elle a voulu s'assimiler tous les éléments de la vie au temps où nous sommes ; elle a eu la conscience de sa force et de sa richesse, mais les sceptiques doutaient encore. Vains efforts, disaient-ils ; on peut bien galvaniser les cadavres, mais on ne les ressuscite pas.

Tout à coup le cadavre s'est levé ; d'une main vaillante il a ressaisi l'épée du Cid, et l'Espagne, aux yeux de l'Europe étonnée, aux applaudissements de tous les peuples, a châtié le Maroc, qui ne la croyait pas si vivante. Cette glorieuse campagne a produit en Europe une sensation profonde ; elle ouvre à l'Espagne des horizons inconnus ; elle la replace à son rang entre les nations. Convenez du moins que le moment est bien choisi pour un de ses plus fervents amoureux de parler d'elle et de lui rendre publiquement justice.

Les nouvelles, je ferais mieux de dire les études d'après nature, qui composent ce recueil ont un caractère qui les distingue profondément des publications dont l'Espagne a été l'objet. Nous ne sortions pas de cette alternative : ou des fantaisies poétiques dans lesquelles les auteurs nous montraient une Espagne toute de convention, ou des travaux historiques tels que ceux de MM. Ch. Romey, Antoine de Latour, Rossew Saint-Hilaire, et accessibles seulement aux esprits sérieux, mais non à la masse des lecteurs.

Un maître, et un grand maître en fait de style, M. Théophile Gautier, est le premier qui nous ait donné des esquisses espagnoles réelles et vivantes. Le jeune écrivain que j'ai l'honneur de présenter aujourd'hui au public, M. Charles Habeneck, entre plus résolûment encore dans cette voie. Ce n'est pas seulement en poëte et en artiste, c'est en observateur attentif, en historien qu'il nous parle de l'Espagne actuelle, de ses espérances, de sa grandeur passée et de sa grandeur future.

La série d'études que M. Charles Habeneck publie dans ce livre se recommande par de précieuses qualités de forme et de fond, parmi lesquelles je place en première ligne la vérité de l'observation, qualité qui me semblait incompatible avec la jeunesse de l'auteur.

Il est peut-être regrettable que M. Charles Habeneck ait donné à la plupart de ses nouvelles des titres espagnols. Le lecteur français qui veut être respecté, à ce qu'assure Boileau, sera peut-être blessé de voir en tête des chapitres des titres tels que ceux-ci : *Soledad*, *Al sol*, *El rey Felipe secundo*, etc., etc. Il est vrai que M. Théophile

Gautier avait déjà donné l'exemple d'une telle témérité ; mais je doute qu'elle soit bien accueillie en France. Dans notre orgueil national nous nous imaginons volontiers qu'il n'y a au monde qu'une langue, la nôtre, et que toutes les langues parlées hors de notre territoire ne sont que des patois grossiers. Certes, je suis pour mon compte très-français sous ce rapport, et je dirais volontiers de notre belle langue ce qu'en disait Alfred de Musset :

> Idiome de l'amour, si doux qu'à le parler
> Nos femmes, sur leur lèvre, en gardent un sourire.

Mais cette admiration n'a rien d'exclusif, et j'avoue que les langues méridionales de l'Europe, l'espagnol, l'italien et le grec moderne, ont une sonorité, un charme auxquels je suis sensible, et je comprends que M. Charles Habeneck en ait été séduit. Je demande donc grâce pour ces titres qui ne sont pas aussi barbares qu'on le croit.

Je viens de lire ce volume qui, pour paraître devant le public, n'attend plus que la préface à laquelle je travaille depuis quelques instants sans m'en douter, je viens de lire ce livre, dis-je, et pour résumer l'impression qu'il m'a laissée, je ne vois rien de mieux que d'emprunter à Montaigne sa célèbre devise : *Cecy est ung livre de bonne foy.*

De très-bonne foi en effet! M. Charles Habeneck a naïvement raconté ce qu'il a vu. Il ne s'est pas demandé l'effet qu'il allait produire, il n'a pas ajusté ses sensations au goût du public français, il ne s'est pas inquiété de l'étrangeté de certains détails. « D'un objet aimé tout est cher, » dit Figaro en voyant le comte Almaviva ramasser soigneusement l'épingle qui cachetait le billet de Suzanne. L'objet aimé, pour notre jeune auteur, c'est l'Espagne, toute l'Espagne, et je ne me sens guère la force de l'en blâmer.

Soledad est une originale personnification de la femme espagnole, de la passion espagnole mises en opposition avec la froide et calme nature d'un homme du Nord. Je ne sais si les femmes aimeront cette belle et ardente fille brunie par le soleil de Castille, mais je sais bien que les hommes l'aimeront et la plaindront. L'auteur a su tirer de ce contraste une situation pleine de mouvement et d'intérêt.

L'Escorial! ce mot réveille tout un monde funèbre et lamentable. Je ne sais quel frisson vous saisit lorsqu'on songe à ce géant de pierre, à cet immense et glacial tombeau où est enseveli pour jamais, je l'espère, le plus sombre fanatisme qui ait ensanglanté les annales humaines. Je le vois

d'ici, grâce à la description de M. Charles Habeneck ; j'y vois errer l'ombre sinistre de Philippe II
poursuivant le rêve paternel, le grand rêve de la
monarchie universelle, de la monarchique catholique. Tout est prêt pour cette tâche colossale :
l'*Armada* passe là-bas à l'horizon, elle va saisir le
protestantisme dans son aire, les bourreaux sont à
l'œuvre; partout la terreur, partout la mort! Le
monde va-t-il périr? la liberté humaine va-t-elle
succomber? Non! Dieu veille, il souffle sur ces
coupables folies, et le pâle monarque qui, d'un
froncement de sourcil, faisait trembler l'Europe,
meurt dans son Escorial au milieu des plus terribles hallucinations.

Fuyons ces murs désolés! allons où s'épanouit
la vie joyeuse et bruyante. *Al sol!* au soleil! au
soleil! Voici le peuple espagnol avec sa verve
originale. Vous allez coudoyer tous les types de
cette population étrange, voir de près les mœurs
de ce peuple qui est un grand peuple. C'est la
nature prise sur le fait.

L'étude qui clot cet intéressant volume me paraît se détacher, à vives arêtes, du fond sur lequel
sont brodées les études qui la précèdent. *Toledo*
est une page historique écrite d'un point de vue
élevé, où viennent se résumer en traits saisissants

les événements prodigieux qui ont transformé tant de fois la face politique, sociale et religieuse de l'Espagne. Là, en effet, sous la couche de la civilisation actuelle, gisent deux civilisations que le catholicisme a cruellement frappées : l'Arabe et le Juif. Triste et émouvante histoire que celle-là ! sombre monument des folies et des passions humaines !

M. Charles Habeneck a vivement esquissé cette page, et j'y appelle plus particulièrement l'attention des lecteurs. Ils y trouveront une vigueur de touche et une audace de pensée dont l'esprit demeure frappé.

Je ne sais si ce que je dis ici est bien dans les allures d'une préface honnête et modérée. Je ne sais s'il est d'usage de louer ou de critiquer l'auteur que l'on présente au public. Je me suis laissé aller à l'impression d'une première lecture, et j'ai dit cette impression sans trop rechercher la forme sous laquelle il convenait de la produire.

J'ai bien remarqué çà et là quelques imperfections, mais il était trop tard pour les faire disparaître. Si, comme je l'espère, une seconde édition de ce livre paraît prochainement, l'auteur non-seulement tiendra compte des critiques qui seront faites, mais il veillera à la correction typographique qui a laissé cette fois échapper quelques fautes pour lesquelles je réclame toute l'indulgence du public.

Sur ce, je m'incline respectueusement, je fais les trois saluts d'usage et je me retire avec la gravité d'un régisseur fort inexpérimenté, pour faire place à l'auteur qui va entrer en scène.

LOUIS JOURDAN.

A TI, QUERIDA MIA.

Que si hasta hoy su amor desde el primero
Hombre juntaran, cuando asi te ofreces
En un sugeto a todos les prefiero.

Y aunque se, Blanca, que mi fe agradeces,
Y no puedo querer mas que te quiero.
Aun no te quiero como tu mereces.

(F. DE ROJAS. *Garcia del Castanar*, acte 1, scène VI.)

Mai, 1860.

SOLEDAD.

SOLEDAD.

I

Le bon plaisir de S. M. T. C. Philippe III déclara capitale de toutes les Espagnes Madrid, mauvais petit bourg situé à huit lieues de la sierra Guadarrama, sur la colline gauche de la vallée du Manzanarès, la rivière sans eau. L'habitude a ratifié le royal décret, et une population aux mille couleurs accourue de tous les points de la Péninsule, circule assez bruyamment dans les rues étroites, tortueuses, embrouillées comme un écheveau de fil de la cité souveraine, où l'on brûle en été, où l'on gèle en hiver. Sans campagnes environnantes et agréables, Madrid vit sur elle-même et s'offre chaque année bon nombre de fêtes, parmi lesquelles, sans contredit, l'une des plus curieuses est la San-Isidro, qui tombe dans les premiers jours de mai et à laquelle nous devons assister.

San Isidro était un brave laboureur du huitième ou neuvième siècle qui habitait sur la colline de l'autre côté du Manzanarès, cultivait son champ et couronnait les rosières de l'époque. On lui a élevé à mi-côte une sorte de chapelle dont la cloche fêlée appelle chaque année les habitants de Madrid et les convie à boire du lait, à acheter des *botijos* (vases à rafraîchir l'eau) et des petites statuettes du bienheureux *Isidore*. Les vendeurs s'établissent sous de misérables huttes recouvertes de nattes en jonc et ressemblant à des campements de Cosaques. Une cuisine infernale, la cuisine espagnole dans toute sa pureté, vient étaler en même temps les horribles échantillons multicolores de jambons fantastiques, de lard contemporain de Cervantes, de poisson fumé à formes et odeurs repoussantes, d'outres remplies de vins sentant la peau de bouc, de fritures nauséabondes offrant aux estomacs affamés des régals de sorcières. Tout est en harmonie : un bruit assourdissant s'élève de tous côtés. Les cris nasillards des marchands qui appellent les passants, se disputent entre eux, vantent leur marchandise ; les tintements des petites sonnettes de terre que l'on vend partout ces jours-là, les grincements convulsifs des guitares, les bourdonnements des tambours de basque, les clapotements des castagnettes, les miaulements des musettes, les sifflets multipliés sous toutes les formes, les tambours des saltimbanques, composent un orchestre diabolique qui jamais ne se tait. La fête se déroule en amphithéâtre sur une colline de tons ro geâtres, sans arbres, sans herbe, au bord du Manzanarès qui perd à l'horizon ses replis argentés.

A cette fantastique invitation, Madrid, assez généralement triste et silencieuse, répond, descend la colline opposée, traverse la rivière sur un pont de bois construit pour la fête, et vient manger, crier, chanter, danser avec un enivrement difficile à décrire. Les peuples du Midi ne font rien à moitié : l'Espagne a des couvents d'une austérité proverbiale et des fêtes de fous furieux. Personne ne manque à la San-Isidro. Pendant trois jours c'est un mouvement continu de gens qui vont et reviennent à pied, à cheval, à mule, ou dans des voitures inimaginables attelées d'animaux échappant à l'analyse et galoppant je ne sais comment sous les coups et les injures de milliers de postillons et de cochers. Vue de Madrid, la fête présente un singulier coup d'œil : la foule que l'on distingue mal semble une grande tache noire ressortant sur les teintes orangées du terrain et se rattachant à la ville par deux lignes également noires qui sont les routes suivies.

C'est dans cette immensité, dans cet océan animé qu'il faut chercher les personnages de ce récit. Laissant de côté, au sortir de Madrid, la route de droite qui passe sur le pont de Ségovie, monument magnifique construit pour faire croire à la présence de l'eau dans le Manzanarès, nous prendrons, en piétons que nous sommes, la route de gauche que suit la foule silencieuse.

Doña Soledad Manzano y Valdes, une jeune fille, vient de partir, à cinq heures de l'après-midi, avec sa tante doña Pascuala Manzano y Ruiz, pour se rendre à la fête. Doña Soledad, que, selon l'habitude du pays, nous appellerons la Soledad, porte un châle de Manille de soie blanche orné de broderies de même couleur, doña Pascuala un châle de soie noire à broderies vertes relevées par un oiseau jaune et rouge de l'effet le plus particulier. Nous savons de plus que la tante est femme d'un certain âge, blanche de peau et d'une taille au-dessus de la moyenne, tandis que la nièce, plus petite, a la peau basanée.

Le troisième personnage à trouver est sir Henry Right, un Anglais portant toute sa barbe, arrivé depuis peu à Madrid et parlant l'espagnol avec assez de difficulté.

Sir Henry se rencontrera promptement. Les Anglais sont faciles à reconnaître au milieu de ces figures accentuées d'hommes marchant à grands pas et portant une guitare d'une main, de l'autre un mouchoir blanc contenant le repas que l'on mangera sur l'herbe ou plutôt sur le sable.

Les deux femmes seront plus difficiles à trouver dans cette foule de jolies, de belles, d'adorables, de ravissantes, de mélancoliques, de gaies, de grandes, de petites, de blondes, de brunes, de teints hâlés, de teints roses. Tous les âges, toutes les formes sont là. Quelle diversité de toilettes, de costumes. Que de mantilles gracieusement portées, que de jupes bariolées, que de coiffures originales artistement composées, que de châles de soie aux mille couleurs. Tous ces yeux noirs sans cesse en mouvement, qui rient, qui parlent ; tous ces éventails qui se ploient, se déploient lentement, vivement, expriment des sentiments. Elles s'en vont réunies quelquefois par groupes de dix ou douze, ou bien seules à côté de leur amoureux silencieux, suivies par leur mère dont l'éventail se déroule et s'enroule majestueusement. Quelle fête de jolis visages !

En regardant ainsi de tous les côtés, nous oublions de remarquer que devant nous marchent tranquillement un châle blanc et un châle noir orné de l'oiseau annoncé, et probablement voici notre tâche terminée. S'il restait quelques doutes, ils se dissiperaient promptement en voyant le châle noir s'arrêter et dire au châle blanc :

— Soledad, donne-moi quelques sous pour ce mendiant.

Laissons les deux dames arrêtées devant un des nombreux pauvres qui bordent le chemin, exposant à nu aux regards les maladies, les difformités les plus horribles. Nous sommes bientôt au terme de nos recherches, car voici un grand jeune homme blond qui fume son cigare et considère avec un étonnement égal ces malheureux étalant leurs infirmités repoussantes et cette foule qui semble n'y point faire attention.

Sir Henry Right, natif de Londres, était une nature calme, réfléchie. Abandonné fort jeune à lui-même par des parents éloignés qui l'avaient élevé à la mort de son père et de sa mère, il avait passé à côté du monde beaucoup plutôt qu'il ne l'avait traversé. Tourmenté par des aspirations poétiques et philosophiques assez prononcées, et en même temps par ce qu'il croyait une connaissance positive et réelle de la vie pratique, il cherchait la conciliation plus ou moins dogmatique de ces deux faces de sa vie, et dans son impuissance, qu'il ne voulait pas s'avouer, à trouver seul sa véritable voie, il changeait ou croyait changer brusquement par des voyages le cours de ses préoccupations. Artiste par la finessse de ses sensations et en ce sens qu'il s'abandonnait sans trop de restrictions au sentiment du moment, il était venu chercher en Espagne des éléments nouveaux d'étude, d'assimilation et de souvenir. Une fortune suffisante lui permettait de satisfaire ses caprices dans une sage limite. Il se sentait donc fort heureux de voyager. Avait-il aimé ? demandera-t-on. Oui et non. Oui, en ce sens qu'intelligent comme il l'était, sir Henry devait être pris facilement et le fut par une femme qui le trompa ; non, parce qu'il pouvait aimer encore, mieux qu'autrefois et plus qu'il ne le pensait lui-même, malgré sa défiance excessive.

Revenons vers nos deux promeneuses.

Doña Pascuala, la tante de Soledad, avait trente-deux ans, c'est-à-dire qu'elle en paraissait quarante. En Espagne, les femmes vieillissent plus vite qu'en France. Originaire de Malaga, ainsi que Soledad, elle avait été mariée d'assez bonne heure à un capitaine de cavalerie qui fut tué en 1854 à la bataille de Vicalvaro, et la laissa veuve sans ressources aucunes. Pascuala reprit alors ouvertement des relations qu'elle avait depuis fort longtemps avec un homme plus jeune qu'elle, employé dans une administration supérieure et qu'il nous suffit de connaître sous le nom de Juan. C'était Juan qui soutenait la maison et donnait à Pascuala l'argent nécessaire à son entretien et à celui d'un enfant qu'elle avait eu de son mari et qui s'appelait Sofia. Soledad, après avoir perdu sa mère, ange de beauté et de bonté, avait été abandonnée par son père et recueillie par sa tante. Pascuala conservait quelques vestiges d'une certaine beauté sans caractère; elle était vive, brutale, emportée, irréfléchie. Quant à Soledad, c'é-une véritable Andalouse dans ce que le type a de plus africain, de plus accentué. Assez petite de taille, mais cependant admirablement proportionnée, elle avait des formes arrondies et cependant très-arrêtées. Sa figure basanée, sans régularité, réunissait des traits d'une grande finesse à l'expression énergique de deux prunelles noires. Le blanc de l'œil avait des teintes bleuâtres. La bouche, d'un rose vif, avec des dents bien placées et d'une blancheur parfaite, était petite et bien dessinée. Un front relevé se découpait élégamment sous une chevelure du noir traditionnel. Les yeux

1.

baissés, sa figure respirait le calme, l'apathie même; s'ouvraient-ils, sa physionomie prenait un caractère sombre et mâle qui donnait à réfléchir. Rien d'extraordinaire dans la manière d'être de Soledad, rien de remarquable dans sa voix, et cependant l'on sentait quelque chose de mystérieux dans cette jeune fille de dix-sept ans et demi, si calme et si vive, dont la bouche se taisait et dont l'œil parlait parfois.

En résumé, Soledad était une de ces femmes que l'on commence à regarder parce que l'on regarde toutes les femmes, et qu'on finit par vouloir étudier parce que la curiosité est vivement excitée. Ses cheveux, simplement rejetés en arrière, supportaient ce jour-là une mantille de soie et de dentelles noires, complétant, avec le châle dont il a été question et une robe de soie noire, une toilette pleine de distinction et fort espagnole. Soledad maniait mollement, indifféremment son éventail, levait à peine les yeux de temps en temps, semblait sans idée, sans force peut-être; son regard errant lentement sur tous les objets sans en fixer aucun, ne trahissant aucune inquiétude, n'appelant personne, ce qui est assez rare dans un pays où toutes les femmes ne songent qu'à la coquetterie, annonçait enfin une sorte d'indifférence maladive, l'ennui.

Au petit pont de bois qui seul les séparait de la fête, nos trois personnages se trouvèrent en présence. Sir Henry laissa le pas à ces dames qui lui rendirent poliment son salut, le regardèrent avec la fixité permise en Espagne, et se dirent du bout des lèvres :

— C'est un Anglais.

Sir Henry contemplait encore les flaques d'eau du Manzanarès que les deux femmes étaient déjà au milieu de la fête, faisant les emplettes d'usage, marchandant jusqu'au dernier *cuarto* avec le parler vif et bizarre des Andaloux, cette foule de petits pots, de petites statuettes que chaque Madrilène rapporte en souvenir de San-Isidro.

C'était le beau moment : le soleil couchant dorait Madrid, perchée sur la colline. Dans le fond du tableau, les montagnes du Guadarrama paraissaient roses. Au premier plan, dans une demi-vapeur, s'agitait la foule. Les uns mangeaient accroupis à terre, d'autres dansaient en chantant ; les cuisines fumaient ; la pauvre cloche de l'église jetait ses notes criardes et mêlait le chant de l'*Angelus* du soir aux hurlements des soulards. Sir Henry admirait ce pittoresque tableau qui ne ressemblait à rien de ce qu'il avait vu, et notait dans sa tête les détails les plus curieux. Lui, l'homme calme, avait cédé à l'enivrement, il avait acheté un *pito* et le portait triomphalement. Le *pito* est un bâton de trente à quarante centimètres surmonté d'une tête de diable en terre cuite. Cornes rouges, oreilles démesurées, moustaches bleues, yeux rouges, verrues violettes, tel était l'horrible bonhomme que sir Henry brandissait en riant.

Pascuala et Soledad, les mains embarrassées de botijos, de statuettes, de pots de terre rouge remplis de lait, remontaient lentement au milieu de la foule la colline sur laquelle s'étendait la fête et qu'Henry descendait en même temps.

— Pourquoi Federico n'est-il pas venu avec nous ? disait la tante à la nièce.

— Je ne sais pas. Et pourquoi serait-il venu?

— Doux Jésus ! ma fille, je n'ai jamais vu deux amoureux comme vous.

— Federico m'aime plus que je ne l'aime, que je ne puis l'aimer. Du reste, ajouta Soledad, il a bien fait de ne pas venir, voyez donc tout ce qu'il aurait à porter. Et en disant ces mots, elle levait en l'air la statuette de san Isidro et le pot de lait.

Au même moment ces deux objets volèrent en éclats, choqués par un *pito* agité par un bras qui n'était autre que celui de sir Henry, en conversation alors avec un jeune Espagnol élevé en Angleterre, parlant fort bien l'anglais et faisant gracieusement les honneurs de son pays.

— *Bruto !* s'écria Pascuala.

— *Barbaro !* murmura Soledad en tirant un mouchoir de sa poche pour essuyer le lait qui s'était répandu sur sa robe.

L'ami de sir Henry, Julian, se confondait en excuses hyperboliques pendant que l'Anglais, assez confus de sa maladresse, tenait son *pito* la tête en bas, et appelait à son aide toutes les phrases espagnoles dont il pouvait disposer.

— Courez acheter ce que vous trouverez de plus joli pendant que je fais entrer. ces dames dans ce café, dit Julian à sir Henry, et tâchons de réparer gaiement votre étourderie. Señoras, croyez bien à tous nos regrets, continuait-il en espagnol.

Henry s'enfuit, heureux d'échapper aux ennuis de la position.

— Ta robe est abîmée, disait Pascuala à sa nièce; ne peut-on pas faire attention à ceux qui marchent devant vous, doux Jésus!

— Ce ne sera rien, disait Soledad souriant à demi.

Sans répondre ouvertement aux offres de Julian, les deux dames entrèrent dans le café.

— Excusez mon ami, disait le jeune homme, c'est un étranger distrait qui ne connaît pas nos fêtes.

— Nous l'avions déjà rencontré au passage du pont, hasardait Soledad.

— La maladresse sera vite réparée, continuait Julian.

— Doux Jésus! doux Jésus! reprenait la tante en gémissant.

— Ma robe en sera quitte pour la peur, dit Soledad.

Sir Henry ne tarda pas à reparaître chargé de statuettes, de *botijos*, de pots de lait, enfin de tout ce qu'il avait pu trouver de mieux. Les inquiétudes de la tante, calmées déjà à l'endroit de la robe, cessèrent en voyant cette indemnisation complète, aussi reçut-elle gracieusement les cadeaux de sir Henry, et les excuses, faites dans un espagnol particulier, firent sourire Soledad.

Selon les habitudes du pays, des rafraîchissements furent proposés avec cet élégant sans façon des Espagnols et surtout des Andaloux.

Julian, qui connaissait Malaga, parlait à Pascuala de sa patrie. Sir Henry trouvait la figure de Soledad fort intéressante, et prenant avec elle une leçon d'espagnol, voyait chacune de ses paroles accueillies par des éclats de rires mêlés de conseils. On apporta des glaces : la jeune fille prit la cuiller, priant sir Henry de s'en servir pour goûter le premier à ce qu'elle allait toucher de sa jolie bouche. Après s'y être refusé quelques instants, sir Henry obéit ; après quoi Soledad continua à prendre la glace avec la cuiller dont il s'était servi.

— On ne fait donc pas cela en Angleterre que vous avez l'air si étonné ? dit-elle en riant.

— Non, répondit sir Henry.

— Voyez-vous comme les Anglais sont peu polis.

On causa aussi de Paris. Les deux femmes demandèrent de nombreux détails sur la capitale des capitales. Bref, au bout d'une demi-heure on était les meilleurs amis du monde et l'on était enchanté les uns des autres.

La nuit s'avançait, il fallut songer au retour à Madrid. L'on revint ensemble à pied. Soledad marchait quelques pas en avant avec sir Henry, tandis que Julian discutait gravement avec Pascuala la supériorité des Andalouses de Séville sur les Andalouses de Malaga.

La lune se levait, le ciel était pur et resplendissant comme toujours dans ces beaux pays du soleil où la nuit a des éclats inconnus chez nous. Les guitares des mendiants bourdonnaient le long de la route dans l'ombre. La colline de la fête étincelait de lumière. En face Madrid, avec quelques lanternes mélancoliques, dans le fond le noir Guadarrama se découpant sombrement sur le ciel éclairé encore de ce côté par les lueurs indécises du soleil couché depuis longtemps. De temps en temps quelque bande joyeuse s'arrêtait sur la route pour danser au bruit des guitares, des castagnettes et des chansons nasillardes.

Sir Henry ressentait vivement les bizarreries du paysage et de la foule, et, silencieux, pensant à des amours perdues, il marchait presque indifférent à côté de Soledad, dont la phrase parfois rauque, toujours sonore et brillante flattait son oreille. S'il regardait la jeune fille, c'était pour mieux juger de l'effet de cette figure accentuée, encadrée par la mantille et éclairée par la lune. La femme n'existait pas pour lui, c'était une chose de plus dans le paysage dont il goûtait du reste tous les charmes.

On ramena ces dames à Madrid jusqu'à leur porte, *calle Mayor*. Julian et sir Henry furent invités à venir le lendemain au soir prendre le chocolat.

— Vous qui connaissez le pays, quelles sont ces dames? demanda l'Anglais à Julian quand ils furent seuls.

— Des dames fort bien, une tante et une nièce appartenant à la petite bourgeoisie de Madrid. Je sais bien que de telles manières d'être et d'agir peuvent sembler bizarres ; mais que voulez-vous, vous n'êtes pas à Paris, vous en êtes même bien loin.

Sir Henry, rentré chez lui, prit ses notes sur la San-Isidro avec le calme d'un Anglais. Il ne pensait pas qu'il venait de tourner le feuillet le plus important de l'histoire de sa vie, et s'il rêva de quelqu'un cette nuit-là, ce ne fut assurément pas de Soledad.

— Décidément, se dit cette dernière en se couchant, décidément les hommes blonds me plaisent beaucoup plus que les bruns.

Elle fit le signe de la croix sur sa bouche, son front, sa poitrine, s'endormit, et si elle rêva de quelqu'un cette nuit-là, peut-être que ce fut de sir Henry.

On croit assez généralement que les natures méridionales sont incapables de réflexion, de calme, de silence. C'est une grave erreur. Elles ont à côté de leurs effervescences, de leur exubérance de vie et de force une placidité, une dignité dont on ne se fait pas idée. Leur caractère particulier c'est de ne rien faire à moitié, de passer d'une exagération à une autre, d'aimer le rose et le noir, le soleil et l'obscurité ; et s'il est un peuple auquel ces réflexions se rapportent avec plus de justesse, c'est le peuple espagnol, que ses manières un peu brusques, un peu viriles semblent poser comme l'époux de la molle et doucereuse Italie.

En Espagne, les transitions ne sont point ménagées. Dans la rue, des toilettes magnifiques, des robes de soie, des châles brillants ; dans les maisons, la tristesse, la nudité, des murs sans papier, des chambres incommodes, des meubles laids, des chaises et des canapés de paille, de mauvais tableaux. Une Française chercherait en vain dans un appartement espagnol les mille petits objets dont nous aimons à nous entourer et qui reflètent notre vie. Les femmes ne sont chez elles que pour dormir, ce qu'elles font sur d'assez mauvais lits ; pour manger, et elles mangent peu et mal. Les hommes sont au café ou à leurs affaires.

Le logis de doña Pascuala était à peu près comme tous les autres et présentait les mêmes bizarreries : les plafonds bleu de ciel, quelques meubles courant le long des murs, des nattes de jonc tressé. Il abritait, dans ses nombreuses petites pièces à peine éclairées, doña Pascuala ; Soledad ; une jeune fille idiote appelée Juana, assez jolie et sœur de Pascuala ; un jeune homme, Felipe, frère de Pascuala, petit employé dans un ministère, nature assez sombre, assez inepte ; enfin la petite Sofia, enfant de deux ans, fille de Pascuala. Juan, le père nourricier de la petite tribu, n'habitait pas avec la famille ; il venait seulement prendre ses repas à la maison, puis repartait.

Il n'y avait pas de domestique. C'étaient l'idiote et Soledad qui en tenaient lieu ; la première était chargée des gros travaux, besogne dont elle s'acquittait en dépit du bon sens et que Soledad était obligée de recommencer. En réalité cette dernière faisait tout ; elle travaillait avec une sombre énergie : jamais une plainte, jamais un reproche. L'idole de toute la maison et plus particulièrement de Soledad c'était la petite Sofia, que la jeune fille embrassait parfois avec une vivacité grosse de bien des souffrances. Peut-être qu'une larme disparaissait dans le baiser. L'idiote

était le souffre douleur de tous ; Soledad trahissait
même vis-à-vis d'elle toute la force de son caractère qu'elle cherchait à étouffer lorsque sa tante
la tourmentait.

En effet, Pascuala, l'hôtesse de tout ce monde,
dissimulait mal sous des caresses souvent affec-
tées l'antipathie que lui inspirait sa nièce. Le
matin elle la faisait travailler comme une domestique, puis le soir la forçait à l'accompagner à la
promenade quand Juan ne pouvait l'emmener.
Felipe, le cousin de Soledad, être brutal et
grossier, obéissait aveuglément à sa tante et se
montrait indifférent pour sa cousine, que l'idiote
aimait malgré tout et que la petite Sofia adorait
à l'égale de sa mère. Quant à Juan, il estimait
justement la jeune fille, quoi qu'en pût dire sa
tante, et la regardait comme digne d'une honnête
union qui lui eût donné l'indépendance et la tranquillité.

C'était sur son conseil et par sa volonté que Federico Fernandez, jeune négociant assez riche,
avait été admis à faire sa cour à Soledad, à être
son *novio* ; état bizarre, inconnu chez nous, douce
intimité permise entre deux futurs qui ne se com-
promettent que par des mots, ne se touchent que
du regard. Soledad l'avait bien accueilli, avait
même paru partager ses sentiments, au dire de
Pascuala, qui ne pouvait comprendre le calme
mystérieux de sa nièce et cherchait tous les
moyens possibles de se débarrasser d'elle. Sin-

gulière nature que celle de Soledad, assez forte pour
sembler faire disparaître de son cœur un sentiment
dont ses yeux animés ne gardaient pas la trace.
L'offensait-on, l'accusait-on, l'injuriait-on? pas
un mot de réponse, pas une contraction dans cette
physionomie glacée et d'une raideur effrayante.
Aucune trace d'existence propre, aucune révélation d'une idée, une froide dignité illuminée parfois par un coup d'œil terrible de la nièce sur la
tante. Pourquoi ce reproche silencieux? pourquoi
ces deux femmes, indispensables l'une à l'autre,
se haïssaient-elles ainsi?

Dans l'après-dîner du lendemain de la San-
Isidro, Federico, un fort beau brun, moustaches,
favoris, cheveux, yeux d'un noir de jais, vint, de
quatre à cinq heures, faire sa cour habituelle à
Soledad et lui débita avec assez de sincérité les
phrases les plus amoureuses et les plus passion-
nées à trois pas. Soledad lui répondit avec une
douce mélancolie :

— Je ne dis pas que je n'ai pas d'affection pour
vous, Federico, parce que je mentirais. Je ne dis
pas non plus que cette affection ne s'accroîtra pas
si nous nous marions; mais ce que je vous dis,
c'est que vous avez tort, si vous êtes sincère dans
vos paroles, de m'aimer comme vous dites m'aimer. Vous ne me connaissez pas. Qui sait, peut-
être ne suis-je pas digne d'un tel amour?

— Et pourquoi? demanda le jeune homme.

— Il y en a de plus jolies que moi, répliqua

Soledad ; et en parlant ainsi elle plaçait dans ses cheveux une petite fleur rouge qui lui allait à ravir. Il y en a de plus aimables avec plus de qualités, de talents, de richesse que je n'en ai.

— Vous voulez me faire mourir aujourd'hui, Soledad.

— Eh ! non, je vous parle très-franchement, vous ne me connaissez pas.

— Donnez-moi cette fleur.

— Demain, Federico, quand je l'aurai portée plus longtemps. Elle vous dira mieux tout ce qui se passe en moi.

Voilà quelques détails sur la société où sir Henry vint continuer ses études de voyageur. Soledad l'attendait avec impatience. Ne la faisait-il pas rire avec son parler bizarre !

Au reste la soirée fut passablement triste comme la plupart des soirées espagnoles. Rangés autour de la table sur des siéges mal rembourés, ils causèrent gravement sur la guerre d'Orient, de l'impératrice Eugénie, de Paris. Julian, enchanté de montrer ce qu'il savait et de parler de ce qu'il avait vu, captivait l'attention de Pascuala et de son frère. Juan partit au bout d'une heure. Sir Henry s'occupa exclusivement de Soledad ; les habitudes du pays permettent ces aparté. Il n'y a pas de femme qui soit tout à la fois aussi familière et aussi digne que la femme espagnole. Elle se fait respecter d'un regard, d'un mot, d'un geste, et au moment de se croire maître, on se sent esclave. Chaque phrase de la jeune Andalouse que sir Henry comprenait mieux à chaque instant lui révélait des tournures poétiques et artistiques qu'il mettait dans sa tête pour les coller comme des fleurs desséchées dans son album de voyage. Soledad, elle aussi, s'habituait au langage et à la prononciation défectueuse du jeune Anglais. Elle trouvait en lui une bonté, une douceur, une finesse auxquelles elle n'était pas habituée. Son éventail se repliait, se déroulait avec rapidité, ronflait comme un chat qu'on caresse. La conversation cessa d'être banale. Sir Henry, par curiosité de voyageur, demanda des détails que Soledad crut recherchés par intérêt. Elle répondit avec douceur et dignité, avec tristesse et calme. Plus sir Henry la regardait, plus il découvrait en elle, à côté de l'originalité qui lui plut tout d'abord, les traces d'un esprit pittoresque et réfléchi. Il oubliait bien un peu le sentiment pour mieux écouter la phrase ; il avait plaisir à la voir sortir de cette bouche élégante, et commenter par ces beaux yeux humides et mobiles qui le fixaient franchement à l'ombre de deux cils épais.

Sir Henry était heureux sans qu'il en sût la raison. Soledad reconnaissait franchement vis-à-vis d'elle-même que la figure de l'Anglais lui était sympathique et qu'elle avait plaisir à causer avec celui dont la parole de plus en plus correcte la faisait de moins en moins rire et de plus en plus songer.

— Quelle jolie fleur vous avez dans les cheveux, lui dit sir Henry.

— La voulez-vous? reprit Soledad.

— Je craindrais...

Elle retira la fleur de ses cheveux et la mit dans les mains de l'Anglais, fort étonné d'un semblable procédé, qui, en France, signifierait bien des choses, et en Espagne n'est qu'une politesse assez ordinaire.

Le chocolat, accompagné de quelques biscuits, fut servi, épais et sentant la canelle, dans ces dés à coudre qui sont les tasses espagnoles. L'on but de grands verres d'eau et l'on fuma la cigarette.

Julian s'était fort bien acquitté de sa tâche de beau parleur, et Pascuala, aussi Andalouse que lui, c'est-à-dire aussi bavarde, lui avait tenu tête. Sir Henry et Soledad se serrèrent la main comme deux camarades, ou plutôt comme deux êtres qui souffrent et se remercient du moment d'oubli de leurs souffrances qu'ils se doivent mutuellement. Soledad, aussi indifférente encore pour sir Henry que pour Federico, se rassura en voyant dans un bouquet apporté par les jeunes gens d'autres petites fleurs rouges qui lui permettraient de tenir la promesse faite à son futur, et se sentit plus gaie.

Sir Henry, l'homme calme, calculateur, consigna ces impressions sur son album. En analysant bien, une sorte d'inquiétude indéfinissable lui annonça qu'il n'était plus aussi maître de lui-même que la veille. Il reporta ses pensées vers Londres, songea avec joie et souffrance à cette femme qu'il avait aimée et qui ne l'avait point aimé. Il se sentit attiré vers elle, prit une plume, et lui écrivit une longue lettre qui commençait ainsi :

« Si vous m'aviez aimé, madame, nous serions
» ici, ensemble dans ce pays bizarre et peu
» connu. Vous partageriez toutes mes joies, toutes
» mes curiosités. Vous seriez touchée comme moi
» de cette nouveauté de sentiment et d'expres-
» sion que je rencontre à chaque pas. J'aime
» l'Espagne ; mais vous voyez cependant que tout
» distrait que je suis, je n'en pense pas moins à
» vous... »

Le lendemain, dans l'après-midi, sir Henry alla faire son tour de Prado. Le Prado, la fameuse promenade dont il a été tant parlé, est un vaste rectangle sans arbres et sans abris. La foule, à certaines heures du jour, quand le soleil est passé, vient s'y asseoir et s'y promener lentement pour voir et être vue. Après quelques tours, sir Henry fut convaincu qu'il ne regardait que les femmes, et encore parmi les femmes celles-là seules qui plus ou moins ressemblaient à Soledad. Comme c'était un grand observateur, cherchant le pourquoi et le comment des choses, il en induisit non pas qu'il était amoureux, ce qui eût été parfaitement faux, mais que la conversation de la veille lui avait été fort agréable, ce qu'il s'expliqua en s'avouant hautement une certaine sympathie pour la langue espagnole et pour Soledad, choses dont il ne s'effraya pas. Aussi fut-il heureux d'apercevoir Pascuala et Soledad assises au milieu du Prado, et l'appelant à elles.

— C'est singulier, disait la jeune fille, moi, à qui d'ordinaire on a peine à arracher un mot, je cause avec vous avec plaisir ; je sens que j'ai confiance. Il me semble qu'il y a dix ans que je vous connais.

— Qui sait ? répliqua sir Henry. Connaît-on ce que l'on a été, ce que l'on sera ?

La jeune fille fit à l'Anglais de nouvelles confidences sur ses idées, sa vie, ses habitudes, et sir Henry les écouta avec plus d'intérêt que la veille.

— Personne ne m'aime, disait-elle ; personne ne s'occupe de moi ; ma tante me traite fort mal. Vous êtes le seul qui ayez l'air de vous intéresser à moi, et je vous parle franchement.

On prit l'habitude de ces rencontres fortuites au Prado. A Madrid, l'on fait ses visites à la promenade. Le jeune homme se concilia peu à peu les bonnes grâces de Pascuala par de nombreux petits cadeaux dont elle lui sut le meilleur gré. Sans que l'amour y fût pour quoi que ce soit, l'intimité la plus grande ne tarda pas à régner entre sir Henry et Soledad.

Notre héros sut bientôt tout ce que Soledad avait à souffrir de sa tante, mais sans pouvoir connaître la raison de cette antipathie. Au reste, il y songeait peu ; la jeune fille lui plaisait ainsi avec son caractère mélancolique et comprimé. Pascuala, toutes les fois qu'elle le pouvait, disait du mal de sa nièce devant sir Henry, parlait de son mauvais caractère, et, par des réticences adroitement ménagées, laissait le droit de tout supposer. A de telles paroles, Soledad jamais ne répondait et permettait toutes les suppositions.

Et cependant quand sir Henry lui demandait pourquoi elle gardait ainsi le silence, elle disait:

— Que je réponde ou que je ne réponde pas, vous la croyez ou vous ne la croyez pas ; si vous la croyez, peu importe, c'est que vous ne vous intéressez pas à moi ; si vous ne la croyez pas, que ferait un mot de plus à votre conviction.

Sir Henry apprit le mariage projeté entre Federico et Soledad. Il remarqua que Pascuala était tout à la fois inquiète et désireuse de sa prompte conclusion. Soledad affirmait qu'elle était indifférente, et consentait si Federico consentait aussi. Elle disait avoir peu d'affection pour son futur. Mais l'amour viendra peut-être plus tard, ajoutait-elle. A quoi Pascuala répondait :

— Oui, tu dois travailler à ce mariage de toutes tes forces ; c'est un grand bonheur pour toi, qui n'as ni fortune, ni grand nom, de faire un mariage honorable comme celui-là. Non. Il te faudrait épouser le majordome du palais de la reine ; il te faudrait aller en France, porter des chapeaux et quatre ou cinq jupons de crinoline ! Voyez-vous un peu ! Doux Jésus ! Et pourquoi n'aime ais-tu pas Federico? Il est plus beau que toi. Jésus et Maria! cette fille me rendra folle avec son caractère! Ce que tu voudrais, c'est aller courir, faire la coquette, avoir des amants...

Soledad écoutait, immobile et en silence. Sir Henry ne pouvait s'empêcher de remarquer que, contrairement au dire de sa tante, la jeune fille était jolie, fort peu coquette, remplie de naturel, et manifestait toujours les goûts les plus simples, ce qui le conduisait logiquement à soupçonner l'existence d'un secret que le calme de la jeune fille rendait impénétrable.

— Ma tante veut faire mon bonheur à sa façon, disait Sôledad; elle veut savoir mieux que moi ce que j'éprouve.

— Êtes-vous amoureuse, Soledad? demandait sir Henry.

— Moi! sur ma mère, non! je ne le suis pas. J'ai de l'affection pour Federico; mais je ne l'aime réellement point d'amour.

— Avez-vous aimé, Soledad?

— Jamais! reprit-elle. Si, j'ai aimé ma mère; j'aime encore ma Sofia, je l'adore; c'est ma seule joie, c'est ma seule consolation.

— Mais d'où vient cette antipathie entre vous et votre tante?

— Que vous importe! interrompit brusquement la jeune fille; c'est mon secret.

Ces paroles furent prononcées d'un ton qui interdisait toute nouvelle question.

— Ne soyez pas trop exigeant, reprit Soledad plus doucement. Ne vous ai-je déjà pas parlé plus franchement qu'à qui que ce soit?

— C'est vrai, répondit sir Henry ; chaque être a ses douleurs dans ce monde, et ne les oublie qu'au récit des douleurs des autres. Il faut du courage pour tout supporter. La seule consolation, la plus rare, quoique la plus offerte, c'est celle d'une amitié qui soutient et console sans être pour cela curieuse ou intéressée. Sachez que je vous sais malheureuse, Soledad ; que je vous plains. Si vous avez besoin de moi, vous me trouverez prêt.

—Merci, et que Dieu soit avec vous !

Ce n'était pas là deux amoureux, mais bien deux malheureux. Aussi sir Henry trouvait-il que de telles relations avec une femme comme Soledad n'étaient pas sans charme. Il était surpris de rencontrer autant de calme dans une jeune fille de dix-sept ans. Pascuala ne s'inquiétait pas de cet étranger parlant à peine la langue ; elle oubliait que Soledad, plus familiarisée avec le parler de l'Anglais, le comprenait mieux. Elle pressait de plus en plus le mariage de sa nièce, et Soledad, sans rien faire pour le reculer, n'y mettait pas le moindre empressement.

— Quand vous mariez-vous? lui demandait sir Henry.

— Je doute que je me marie, répondait-elle. Federico ne m'aime pas assez ; il ne voudra pas.

Sir Henry était, dans le fond, assez persuadé que le mariage se ferait, malgré les scrupules de la jeune fille, et se promettait d'assister à la noce, qui ne manquerait sans doute pas d'originalité. Pour mieux oublier le passé, il se laissait plus vivement impressionner par la forme extérieure des objets. Tout en causant avec Soledad, il l'avait regardée en artiste, et, autant qu'il pouvait en juger, l'avait trouvée irréprochable depuis le bout des doigts jusqu'à la plante des pieds. Quelle jolie statuette elle ferait! se disait-il; et il la rêvait à moitié nue, avec un collier de grains rouges autour du cou, des anneaux de cuivre aux pieds et aux mains. Il était un peu philosophe; aussi ajoutait-il : Quel malheur qu'un si joli corps renferme une âme aussi imparfaite! et, comme tous ceux qui ont réfléchi, le manque d'éducation de Soledad, son ignorance profonde, alliée à tant de franchise et de fraîcheur, l'amenaient à de singulières conclusions sur le sort fait à la femme en ce monde, et sur l'état de servilité bien positive auquel elle est réduite.

Toutes ces idées passaient dans le plus profond de son âme. Pour rien au monde il n'eût trahi leur existence. Un mois s'écoula ainsi pour lui dans une profonde béatitude, dont le mystère augmentait le charme. La pauvre Soledad continuait à lutter avec sa tante; mais Sofia ne la consolait plus seule; elle aimait à penser au señor Henry, éprouvait un plaisir indéfinissable à le contempler quand il était près d'elle, à se rappeler ses traits quand il était loin. Paresseuse d'esprit, comme les femmes du Midi, elle ne cherchait pas à analyser ce qu'elle éprouvait. Elle regardait le jeune Anglais comme son ami, pas plus; mais elle songeait à lui souvent, et se disait : S'il m'aimait, je l'aimerais. Comme nous serions heureux! et Soledad ne voyait pas dans ces mots toute une révélation du présent, toute une promesse pour l'avenir. Peut-être était-elle fataliste, et pensait-elle : nous nous aimerons, s'il plaît à Dieu! L'Espagne n'est pas loin de l'Afrique, et les Arabes sont restés longtemps dans la Péninsule.

Soledad avait été présentée à la famille de son fiancé; le mariage allait se conclure. Quelques jours avant l'époque fixée, sir Henry disait le plus innocemment du monde à Soledad.

— Croyez bien que Dieu met toujours à nos côtés une âme qui comprendrait la nôtre; mais nous nous entêtons à ne pas la comprendre et passons notre vie à aimer des gens qui ne nous aiment pas.

Ces paroles, dites par Henry sans arrière-pensée, produisirent beaucoup d'effet sur Soledad. Elle se dit :

— Don Henry a raison. Federico m'aime peut-être réellement. Je m'en vais lui parler à cœur ouvert. C'est mon devoir; et, s'il m'aime réellement, je l'aimerai.

Et ses beaux yeux prirent une singulière expression.

Le soir, elle resta seule avec son futur, qui lui faisait les phrases les plus tendres, que la belle Andalouse écoutait en chantonnant.

— M'aimes-tu bien réellement, Federico? dit-elle.

— Comment peux-tu me le demander? Ne vais-je pas t'épouser, unir ma vie à la tienne? Tu ne me ferais pas cette question si tu m'aimais comme je t'aime!

— Si. Tu m'aimes. Eh bien! que ferais-tu pour moi?

— Je ferais tout ce qu'il est possible d'imaginer : je mourrais pour toi; je quitterais ma famille, Madrid; je fuirais le monde entier.

— Merci, répondit Soledad; mais ce n'est pas tout. Oui, tu m'aimes parce que je te plais, parce que ma figure te semble jolie, parce que tu seras fier de me posséder, de m'avoir à ton bras. Mais est-ce bien moi que tu aimes? Me connais-tu d'abord? Sais-tu ce que j'ai souffert? Connais-tu mes pensées secrètes, ma vie?

— Je crois, depuis trois mois que je te vois chaque jour, avoir pu étudier ta conduite et pouvoir en répondre, reprit Federico, inquiet de la signification des dernières paroles de Soledad.

— Non, tu ne sais rien, Federico; et peut-être est-ce pour cela que tu m'aimes? Je ne suis pas telle que tu me crois, telle que tu rêves sans doute la femme dont tu veux faire ton épouse.

A chaque mot de Soledad, Federico pâlissait.

— Peut-être, dit-il, ton cœur est-il déjà pris? peut-être aimes-tu un autre que moi?

— Non, reprit Soledad; je n'ai jamais aimé et n'aime pas encore comme je pourrais le faire.

— Quelqu'un t'aurait-il insultée? Un homme te poursuit-il?

— Non, non, ce n'est point cela, reprit Soledad, dont la figure était d'une pâleur livide, et dont les yeux baissés restaient immobiles. Non, je n'ai pas aimé; on ne m'a pas insultée, on ne m'a pas poursuivie, on m'a déshonorée.

Et ses yeux fixèrent Federico épouvanté.

— Oui, celle que tu veux épouser, celle dont tu veux faire ta femme a été déshonorée. Veux-tu toujours t'unir à elle? L'aimes-tu toujours? Es-tu toujours prêt à faire tout ce qu'elle te demandera? Veux-tu fuir? veux-tu quitter Madrid?

— Écoutez, Soledad, j'étais loin de songer à un tel malheur. Si j'étais seul dans le monde, je n'hésiterais pas une minute; je dirais : Oublions tout. Mais j'ai le nom de mon père, que je dois sauver de toute calomnie. Pourquoi avez-vous attendu jusqu'au dernier moment pour me faire une pareille confidence?

— Je voulais vous laisser le temps de m'aimer assez pour me comprendre.

— Consolez-vous, reprit le jeune homme; peut-être ma famille ne m'imposera-t-elle pas une décision douloureuse. Laissez-moi réfléchir ; dans trois jours je vous rendrai réponse.

— Faites ce que vous voudrez, interrompit fièrement Soledad ; mais je vous crois homme
d'honneur, et si j'ai dû parler, vous devez savoir
qu'il faut vous taire.

Federico partit le cœur brisé. Ce pauvre garçon
ne revenait pas de ce qu'il avait entendu. Il connaissait trop bien Soledad pour croire à un mensonge, et il ne se voyait pas assez amoureux pour
renverser cette barrière qui lui était opposée.

— Il ne m'aimait pas réellement, pensa la jeune
fille ; il me désirait. Mon Dieu ! ma mère ! pourquoi m'avez-vous mise au monde pour souffrir
ainsi ?

Elle alla près du lit de la petite Sofia. Une
lampe de cuivre à trois becs jetait une lueur
douteuse sur tous les objets. La respiration de
l'enfant troublait seule le silence. Soledad pleurait. Aucun cri, aucun sanglot ; une douleur
muette et profonde. Une de ces douleurs que l'on
ne comprend que par la mort de celui qui la
portait en son sein.

Personne ne remarqua la mélancolie et la tristesse de Soledad ; on y était habitué.

Deux jours se passèrent sans qu'on revît Federico. Sir Henry était allé à Ségovie. Pascuala
demanda à sa nièce comment il se faisait que son
amoureux eût ainsi disparu. Soledad parla d'un
voyage d'affaires. L'autre ne répondit rien. Elle
semblait plus bienveillante depuis quelques jours.

— Ah ! ma tante, vous vouliez m'endormir,

m'empêcher de parler. J'ai parlé; c'était mon devoir. N'est-ce pas là ma seule richesse , le talisman avec lequel j'ai vu si j'étais aimée ?

Elle ne se faisait pas la moindre illusion et ne croyait pas au retour de Federico. Si elle eût été dévote, elle se serait jetée dans les prières, eût cherché à prémunir son âme contre la tempête qui allait éclater dans la famille au moment où Pascuala saurait le terrible aveu fait à Federico. Mais c'était une âme forte. Seule, complétement isolée par l'absence d'Henry, elle couvrait la petite Sofia de baisers, qu'on ne lui permettrait peut-être plus le lendemain de prendre ou de donner.

Le soir du troisième jour , Soledad reçut de Federico un billet ainsi conçu :

« Ma chère Soledad ,

» Ma famille s'oppose à l'accomplissement de
» notre union. Vous connaissez trop bien mes
» sentiments pour que je ne regarde pas comme
» inutile de vous dire tous mes regrets. Si l'amour
» disparaît entre nous, qu'au moins l'amitié reste.
» Comptez sur moi... »

— Mensonge! mensonge que tout cela! s'écria Soledad.

Au même instant, Pascuala apparut furieuse, hors d'elle-même, tenant un billet de Federico. Soledad ne bougea pas.

— Tu as parlé? lui dit sa tante.

— Oui !... n'était-ce pas mon devoir? C'était lo

vôtre aussi. Vous n'avez pas rempli le vôtre, j'ai rempli le mien.

— Le tien! c'est de sortir d'ici le plus vite possible; car tu sais que je te hais de toutes mes forces!

— Moi aussi je vous aurais quittée avec plaisir, croyez-le; mais mon silence eût été une tromperie. Je n'ai pas voulu faire comme vous.

— Infâme! n'ai-je donc pas assez fait pour toi? Je t'ai nourrie, logée pendant quatre ans; et toi, que m'as-tu donné en échange?

— Mon honneur!

— Laisse-là ton honneur et tes mots sonores, misérable; ce n'est pas de cela qu'il s'agit. J'avais arrangé ce mariage, j'avais procuré à cette fille du diable une position honorable, une fortune assurée. Non, la petite ne veut pas; elle fait la généreuse... Mais, vipère! on n'est pas généreuse quand on ne s'appartient pas. Tu es à moi; tu es mon bien, puisque je t'ai nourrie. Tes habits sont à moi; tes pieds, tes mains, ta figure, tes yeux, ton corps, tout est à moi! Tu es ma chose; j'ai le droit de faire de toi ce qu'il me plaît!...

— De me vendre même! ajouta Soledad en souriant d'une manière étrange.

— Oui, de te vendre et même de tuer!

En disant ces mots, Pascuala saisit une paire de ciseaux dont elle porta deux coups à sa nièce: l'un à l'épaule, l'autre à la tempe; le sang coula.

Elle recula épouvantée; elle s'aperçut alors du

désordre de ses vêtements ; elle sentit ses cheveux dénoués qui retombaient sur ses épaules à demi nues. Le calme de Soledad était effrayant. Elle n'avait pas fait un pas pour fuir les coups que sa tante lui portait. Quand Pascuala la frappa, elle s'écria seulement :

— Ma mère ! rappelez-moi !

Et le sang coulait lentement sur sa figure pâle comme celle d'une morte.

— Infâme ! mille fois infâme ! reprit sa tante ; puisses-tu aller dans les enfers y recevoir la punition de tes crimes ; tu y retrouveras ta mère, que je haïssais comme toi. Tu es bien sa digne fille.

A ces mots, Soledad, jusque-là immobile, releva vivement la tête ; son œil brilla. Elle se précipita sur sa tante, lui saisit les bras de ses petits poignets et les tint immobiles.

— Femme, lui dit-elle, tu peux m'insulter, moi ; je l'ai peut-être mérité ; mais que le saint nom de ma mère ne passe jamais sur tes lèvres immondes, car je t'arracherais la langue, je te mordrais jusqu'au cœur ! Ne dis plus un mot ; tais-toi, car je suis folle. Je ne sais pas ce que je ferais. Sauve-toi ! sauve-toi, femme maudite, ou je te tue !

Pascuala, pâle, terrifiée, se dégagea par un suprême effort, et sortit en courant de la chambre. Soledad se heurta contre la porte refermée précipitamment. Elle chercha à l'ouvrir. Aucun moyen : elle revint alors en tremblant, en chancelant, et tomba sans connaissance sur une chaise.

Quand elle se ranima, elle était étendue sur un lit, ses blessures lavées. L'idiote la regardait d'un air d'enfant effrayé.

— Où est ma tante ? demanda Soledad.

— La tante ! répondit l'idiote ; la tante, elle dort.

Soledad se leva convulsivement, courut à la chambre de Pascuala, la secoua brutalement, la ranima en disant :

— Vous m'avez donc crue incapable de me réveiller ! Me voilà ; n'ayez pas peur. Je vous méprise trop pour ne pas vous pardonner.

Elle alla embrasser la petite Sofia, qui s'était réveillée au bruit et criait sans savoir pourquoi. Soledad la calma, l'endormit en lui chantant d'une voix étranglée quelques couplets somnolents.

La puissance nerveuse, même chez une femme, a une limite bien arrêtée. Soledad s'endormit aussi.

L'on se sent heureux de reconnaître que de pareilles scènes ne sont plus dans nos mœurs françaises. Mais en Espagne, où l'éducation des femmes du monde, comme celle des femmes du peuple, est complétement nulle, elles sont malheureusement fort ordinaires. Avant d'accuser nos voisins, examinons-nous nous-mêmes, et voyons si notre société, beaucoup plus policée, plus civilisée, plus instruite, plus fleurie, ne voit pas chaque jour dans son sein des drames aussi terribles, sinon dans

l'ordre des faits, au moins dans l'ordre des sentiments. Seulement, peut-être que d'autres, qui n'ont
pas la prétention d'être le peuple le plus avancé,
sont excusables de ne pas rechercher remèdes
à des maux provenant de compressions insen-
sées. C'est une grave question. Tous ceux qui
la soulèvent sont ridiculisés publiquement, et ap-
prouvés par chacun dans son for intérieur. Ne serait-il pas temps d'avoir plus de franchise les uns
vis-à-vis des autres? Ce serait raisonnable et spirituel. Et n'avons-nous point la prétention d'avoir
inventé l'esprit?

La nouvelle expliquée, commentée, faussée de la rupture du mariage se répandit dans la famille. Pascuala par honte, Soledad par pudeur cachèrent à tous le véritable motif. Ce fut un concert général d'imprécations contre la pauvre fille qui ne proféra pas un seul mot de plainte. Juan, qui ignorait l'état des choses, adressa à Soledad quelques paroles raisonnables sur son mauvais caractère. Soledad tenait à l'estime de Juan, elle lui répondit :

— L'on vous trompe, et se tut.

Sir Henry, revenu de Ségovie, inquiet de ne pas voir la famille au Prado, accourut au plus vite. Il lui fallut entendre les imprécations de la tante, qui assaisonna son discours du nom de Jésus mille fois répété, d'invocations à la vierge et à tous les saints et se répandit en injures terribles. Henry nota ce qu'il entendit, réfléchit que de tels discours écrits seraient rejetés comme faux, et conclut que les drames de Shakespeare étaient réalistes en Espagne. Ces remarques littéraires ne l'empêchèrent pas de voir la plaie de Soledad à la tempe et il fut convaincu que ce réquisitoire n'était que la fin de l'orage et que le tonnerre était déjà tombé sur la pauvre fille. L'agitation de Soledad ne se traduisit que par un léger tressaillement de la paupière gauche. Jamais la jeune femme n'avait souffert autant. Fière, susceptible comme toutes les espagnoles, elle était à la torture en se voyant insulter ainsi devant un étranger qui, après de telles paroles, devait la mépriser. Elle sortit du salon. Sir Henry fit à la tante quelques phrases de convention. Cela passera avec l'âge... c'est la jeunesse... trop de feu dans l'âme.

Soledad l'attendait à la porte.

— Que s'est-il donc passé, lui demanda-t-il?

— C'est ma tante, répondit-elle, j'ai beaucoup souffert.

— Pauvre Soledad, personne ne vous aime donc ci.

— Non. Je suis calme maintenant; j'ai prié Dieu ce matin de me donner force et patience.

— Mais vous êtes blessée.

— Oui; mais ce n'est rien. Dites-moi Henry que vous ne croyez pas ce que ma tante vous a dit. Croyez-moi seule. Dieu vous récompensera.

— Je vous crois, Soledad; si vous avez besoin d'appui, ne m'oubliez pas.

— Soledad! Soledad! cria la petite Sofia.

— J'y vais! s'écria la jeune fille. Tenez, voilà pourquoi je reste ici. Pourquoi je souffre, vous le saurez peut-être plus tard.

Elle lui tendit la main, Henri la serra affec-
tueusement puis la porta à ses lèvres. Les yeux
de Soledad se mouillèrent.

— Au revoir, Henry. Qu'une femme vous aime
comme vous le méritez. Allez avec Dieu.

Henry avait une adoration profonde pour les
femmes en général. Il les trouvait de beaucoup
supérieures aux hommes. Il est assez bizarre
qu'en 1832 on ait refusé d'écouter les saints-
simoniens qui prêchaient l'égalité de l'homme et
de la femme et que maintenant on parle partout
de la supériorité de la femme. Nous ne pouvons
pas éviter les exagérations, ce semble, et nous
passons du noir au blanc avec une facilité remarquable. Les souffrances de Soledad intéressaient
l'anglais. Si jeune, se disait-il, et souffrir autant.
En y réfléchissant mieux, il comprenait moins
pourquoi le mariage avait été rompu. Il s'imagina
Soledad amoureuse et puisant dans son amour la
force de supporter ses tourments. Mais amoureuse
de qui? probablement de quelque imbécile qui ne
devait pas comprendre un mot de la finesse de
cette nature. Sera-t-il donc toujours écrit que
deux natures faites l'une pour l'autre ne se ren-
contreront, comme dans les féeries, qu'à travers
mille obstacles sans cesse multipliés. C'est une
singulière fille, ajoutait-il, et je me trouve dans
une singulière position. En deux jours heureusement je puis être loin de Madrid. Je me soucie
fort peu d'une intrigue semblable ; je ne suis pas

venu en Espagne pour enlever des jeunes filles, quelque jolies qu'elles soient. D'ailleurs la petite ne m'aime pas et ne cherche pas à se faire enlever.

Cependant le baiser avait produit sur Soledad un effet que cette dernière ne cherchait pas à se dissimuler. Il lui sembla qu'elle n'était plus seule dans le monde, que quelqu'un la protége- rait si elle en avait besoin; mais le ton de Henry était si digne, si vrai, qu'elle, la femme du Midi, habituée aux déclarations vives, y voyait simple- ment l'assurance d'un dévouement réel. S'il m'ai- mait, je l'aimerais; mais ce dont je le remercie, c'est de ne pas me tromper. Elle estimait Henry.

On l'a dit bien souvent, un malheur ne vient jamais seul, et ce proverbe devenu axiome n'a pas cessé d'être vrai. Le surlendemain des événements qui précèdent, la petite Sofia tomba malade. Elle ressentait de vives douleurs à la gorge, des étouffements. La fièvre la prit. On fit appeler un barbier, chirurgien, accoucheur, qui regarda longtemps la malade, ordonna quelques tisanes insignifiantes et partit en promettant le mieux. Pascuala voyant sa fille malade tomba sur un fau- teuil, gémit, cria, pleura, se désola au lieu de porter secours à la pauvre enfant que Soledad ne quittait pas. Elle seule lui faisait prendre ses tisanes, sentit les progrès de la maladie et courut chercher un véritable médecin. C'était le croup, et le temps perdu laissait bien peu d'espoir de guérison. Tout ce qu'il fut possible de faire Soledad le fit.

— Mon Dieu, prenez-moi à sa place! s'écriat-elle. Qu'ai-je à faire dans ce monde. Tout le monde l'aime, elle.

Pascuala gémissait toujours, se pinçait les bras.

— Sauve-là, sauve-là, disait-elle à Soledad; je te donnerai ce que tu voudras.

— Si je pouvais la sauver, attendrais-je que vous me le demandiez.

Dans cette terrible agonie qui dura près d'un jour, Soledad, d'ordinaire la servante de la famille en fut la reine. On l'écoutait, on lui obéissait. Mais rien ne pouvait sauver la pauvre petite dont elle reçut le dernier soupir dans un baiser.

Pascuala s'enfuit dans sa chambre avec l'idiote qui demandait ce que faisait Sofia et ne comprenait pas la mort. Soledad resta seule avec le cadavre, le lava, le couvrit de ses plus beaux habits, des habits blancs brodés surchargés de petits rubans, de petits nœuds de couleur. Elle ajouta quelques fleurs artificielles. C'est l'habitude en Espagne de parer ainsi les morts, surtout les enfants. La pauvre Soledad, plus morte que vive, fit faire un joli cercueil peint en rose, le garnit ellemême de coton, répandit des parfums, cola quelques images de la Vierge et des saints et plaça le cadavre au milieu des fleurs. Elle avait fini par rendre la mort jolie, presque séduisante. Sa blessure à l'épaule se rouvrit pendant ces préparatifs.

Elle imbiba un petit morceau d'étoffe de son sang et le plaça dans la petite main crispée de Sofia. Le coffre rose fut refermé et garni de rubans à l'extérieur. Soledad s'endormit la tête sur le cercueil.

Il y a dans la mort d'un enfant quelque chose de triste et d'indéfinissable. C'est une phrase interrompue, un baiser suspendu qui se continueront plus tard, mais sous d'autres formes, et cette forme primitive nous l'aimions ; n'était-elle pas un souvenir du passé, une promesse pour l'avenir.

Sofia ! c'était tout ce que Soledad aimait.

L'enterrement eut lieu le lendemain. On plaça la bière sur un char à double estrade que quinze pauvres de la paroisse, un cierge à la main, précédaient. Une musique suivait et jouait par moments des airs assez gais. On porta Sofia dans le cimetière qui est au bout de la rue de Tolède. Elle fut déposée, selon la coutume, dans une niche creusée dans le mur profond. La musique joua presque une polka. La mort n'est pas triste là-bas. Le trou fut replâtré. L'on revint, le soleil était déjà couché.

La pauvre Soledad semblait morte ; son regard éteint, sa démarche incertaine la rendaient au moins digne de la plus profonde pitié. On l'aurait crue folle. Pascuala avait fini par ne plus gémir. La mère redevenait la femme.

— Comment se fait-il que tout soit en désordre ici, Soledad ? Oh ! la paresseuse ; elle profite du malheur pour ne rien faire. Mais qui travaillera? Vais-je devenir ta servante?

Soledad ne bougea pas.

Pascuala lui saisit le bras blessé et le secoua vivement.

— Laissez-moi, vous me faites mal.

— Oh, doux Jésus! l'horrible fille. Elle veut me faire mourir lentement; me brûler le sang. J'en mourrai.

Soledad chercha à se lever en s'appuyant sur la table; elle ne le put : elle retomba sur sa chaise.

— Te lèveras-tu, fille du démon! s'écria Pascuala.

— Vous voyez bien que je ne puis pas.

— Tu vas être malade, toi aussi; mourir. Il me faudra encore payer les frais de ton enterrement. N'as-tu pas apporté déjà le malheur dans la maison; veux-tu y porter la misère et la ruine? Si tu avais mieux surveillé ma petite Sofia, elle n'aurait pas pris froid, ne serait pas tombée malade. Tu as sa mort sur ta conscience. Sauve-toi, misérable.

— Femme, répondit Soledad, taisez-vous; vos paroles offenseraient Dieu s'il vous entendait. Je sors d'ici. Ma mère m'a dit de vous aimer comme je l'aimais. Si elle vivait, elle me dégagerait de la promesse que je lui ai faite de ne pas vous quitter. Dieu vous a punie; allez, je vous méprise, je vous hais.

Elle alla à sa chambre pour disposer ses effets. Sa tante lui permit à peine de prendre un peu de linge et quelques menus objets. Elle voulut dire adieu à l'idiote, à son oncle. Son oncle ne voulut pas la voir; l'idiote lui demanda pourquoi elle allait se promener sans l'emmener avec elle.

La pauvre Soledad se trouva à neuf heures du soir dans la rue, sans argent, sans asile. Une révolution se fit en elle. En sortant de chez sa tante, elle reprenait toute sa liberté, toute sa volonté. Son caractère, jusque-là comprimé, étouffé, allait se montrer dans toute sa force : la cendre ne couvrait plus le feu. Le sang bouillonnait dans ses veines. Elle était à moitié folle; sa résolution fut bientôt prise. Elle se dirigea vers le canal qui s'étend aux pieds de Madrid, près de la porte de Tolède, près du cimetière où reposait Sofia. Elle pouvait à peine marcher; un moment elle courait, un autre elle se traînait : elle avançait comme une machine. Si on lui eût demandé où elle allait, elle n'aurait pas pu répondre. Au sortir de Madrid, les gardiens de la barrière lui adressèrent quelques plaisanteries sur la jeune fille qui s'en allait au rendez-vous d'amour.

L'air frais de la campagne la remit un peu. En descendant de Madrid elle apercevait devant elle la colline de San-Isidro, où brillaient deux petites lumières. Par un phénomène explicable dans l'état où elle se trouvait, elle revit la fête à laquelle elle avait assisté un mois auparavant; elle revit Henry à ses côtés. Cette apparition diminua instantanément sa souffrance. Il lui sembla que la masse énorme qui lui pressait la poitrine, la tête, avait été enlevée subitement.

— Henry, dit-elle, Henry, je l'avais oublié.

Elle s'était arrêtée, elle hésitait. La vie a tant de force à dix-huit ans, elle offre tant de consolations idéales aux malheurs réels.

— Federico me méprise; Henry, non. Pour la seconde fois l'image de l'Anglais traversa son esprit.

— Ma mère! s'écria-t-elle, je vais dire adieu à Henry et je reviens vers vous et vers Sofia.

Soledad, en revenant à Madrid, croyait reculer seulement sa mort.

Par une bizarre coïncidence, Henry pensait à elle en ce moment même, la plaignant du fond de son âme, il énumérait ses charmes, ses qualités et félicitait l'homme qui en serait aimé. Il allait même jusqu'à se rêver jouant un rôle dans l'existence de Soledad. Il se complaisait dans cette impossibilité, mais se refusait d'être son amant, d'être son mari. Bref, il voulait quitter Madrid.

Soledad entra chez lui harassée, abattue, les cheveux collés aux tempes, l'œil vitreux, les mains froides, la bouche entr'ouverte, les lèvres bleues. Elle s'assit avant de prononcer une parole. Henry prépara un verre d'eau sucrée, lui fit respirer des sels. Soledad voulut parler, elle se trouva mal. Il la porta sur le lit. Ce n'était plus une femme, c'était une malade. Deux fois il parvint à la ranimer, deux fois elle perdit connaissance. Peu à

peu cependant elle se réchauffa; ses yeux se rouvrirent. Quelque chose d'inexprimable dans le
regard fut un remercîment pour Henry dont elle
voulut porter la main à ses lèvres.

Henry songea seulement alors qu'il aurait dû
faire appeler un médecin ou quelque domestique.
Il le proposa à Soledad qui s'y refusa vivement.
Il lui demanda si elle était blessée; elle fit signe
que non. Elle parvint à dire : Sofia est morte. Par
moment des contractions nerveuses la faisaient
tressaillir, elle fermait les yeux, la bouche s'ouvrait pour parler et la langue balbutiait indécise.
Elle se calma cependant; sa respiration fut plus
régulière; le sommeil arriva.

Henry se demandait la signification de tout ceci.
Sofia est morte, la tante aura de nouveau battu sa
nièce et celle-ci se sera enfuie : rien de plus clair.
Il ne me reste plus qu'à ramener la petite au bercail; mais dans l'état où elle était, il n'y fallait
pas songer. Cependant, rester seul avec la jeune
fille toute une nuit, c'était la compromettre. Il
voulut appeler, avoir des témoins; mais qui? des
figures inconnues, des étrangers, des bavards. Le
remède était peut-être pire que le mal. Puis,
Soledad dormait si bien et cette nuit passée près
d'elle n'était pas sans charme.

— Si Dieu me l'a envoyée, c'est bien pour
quelque chose, pensait-il.

Cependant il était on ne peut plus embarrassé
et fort en colère contre lui-même. Pourquoi suis-

je venu en Espagne? pourquoi ai-je fait la connaissance de cette femme? se disait-il; je ne me
trouverais pas dans une aussi sotte situation. Et il
oubliait de se quereller lui-même pour examiner
tout à loisir la position gracieuse de la main de
Soledad, dont le sommeil devenait plus agité. Elle
semblait lutter avec des personnages invisibles.
Ma tante, ma tante, laissez-moi, je vous hais!
disait-elle.

Que faire? que faire? pensait Henry, et dans
son impatience d'une résolution quelconque, il
voulait réveiller la pauvre fille et lui dire : Mais
ce n'est pas convenable d'être malade chez moi;
allez-vous-en. En même temps son orgueil était
flatté de la confiance que Soledad avait en lui.
Elle se sait bien seule avec moi, elle n'a pas peur.
C'est le hasard ou l'amour qui l'ont amenée ici; elle
serait donc plus sûre de moi que je ne le suis
moi-même. Sa conscience tranquillisée lui permit
d'attendre jusqu'au lendemain.

La nuit, le sommeil, la jeunesse, peut-être
même la présence d'Henry, rappelèrent complétement la jeune fille à la santé. Le lendemain
matin, elle ne ressentait plus qu'une grande faiblesse.

— Henry, dit-elle, ne vous étonnez pas trop de
ce qui se passe. Je veux mourir, mais je n'ai pas
voulu me tuer sans vous dire adieu. Je me suis
souvenue que j'avais un ami, un seul, et je suis
venue lui presser la main.

— Voyons, du calme, Soledad, reprit Henry. Qu'est-ce que cela signifie ? A dix-sept ans vouloir se tuer ! c'est déraisonnable. Vous êtes jolie, vous êtes bonne ; ce sont là des garanties solides d'un avenir heureux. Vous avez l'imagination vive et ardente ; la moindre chose vous bouleverse, vous perdez la tête ; votre tante a le même caractère, elle ne sait plus ce qu'elle fait. Et voilà pourquoi vous voulez mourir ?

— Ma Sofia est morte.

— Je comprends votre douleur ; mais ne vous reste-t-il personne à aimer ? Un jeune homme vous choisissait pour épouse ; vous l'avez repoussé. Pourquoi ? Prenez garde ; à tout bien prendre, les torts pourraient être de votre côté.

— Ne dites point cela, Henry ; c'est Federico qui n'a plus voulu de moi. J'étais toute disposée à l'aimer, vous m'y aviez préparée. Il n'a renoncé à moi que parce que je me suis conduite loyale- ment.

— Trop de brusquerie, peut-être. Croyez-moi, Soledad, ce n'est pas bien ; retournez auprès de votre tante ; priez-la de vous pardonner. Restez tranquille près d'elle ; faites oublier votre faute de cette nuit. Vous vous êtes compromise inutilement avec un homme que vous n'aimez pas.

— Écoutez-moi, Henry, reprit Soledad en sou- riant ; vous ne savez pas ce que vous dites là : s'il n'y avait que des injures et des coups de couteau entre moi et ma tante, j'oublierais, parce que je n'ai pas l'âme basse et je pardonne un premier mouvement; mais il y a plus que cela entre nous. Il y a un fait, une heure dans ma vie, el que si ma mère fût vivante et le connût, elle viendrait arracher les yeux de ma tante, peut-être aurait-elle tué Sofia.

Henry pâlit en entendant prononcer ces paroles d'un ton solennel.

—Eh bien! pendant trois ans j'ai oublié, je suis restée près de Sofia, je l'ai élevée; j'ai été la véritable mère de la pauvre petite. C'est elle qui me donnait la force d'oublier le passé, de supporter le présent. Le jour où je suis partie de chez ma tante, c'est que Sofia était morte et je suis partie pour aller me tuer.

— Et pourquoi mourir?

— Pourquoi! je vais vous le dire : parce que je suis seule au monde, parce que personne ne m'aime, personne ne m'aimera; la seule personne qui ne me haïsse pas, c'est vous; la seule qui ne me méprise pas, c'est vous et vous ne connaissez pas ma vie. Je ne puis pas vivre ainsi, seule, sans être aimée. Dites-moi, Henry, vivriez-vous une minute de plus si vous sentiez à l'heure qu'il est que personne ne vous aime. C'est horrible ce que l'on éprouve : on se voit en dehors de toutes choses, en dehors de ceux qui vous approchent; on n'est plus homme, plus femme, on est moins qu'un chien, moins qu'un arbre. On n'existe plus, on est déjà mort.

Henry était profondément impressionné; il suivait Soledad de l'œil.

— Cependant, continua-t-elle, je ne sais pas pourquoi il en est ainsi de moi; j'aurais tant et si bien aimé; j'aurais eu des attentions, des prévenances que personne ne connaît; j'aurais été si bonne que l'on eût oublié ma laideur. J'ai du cœur, j'ai des larmes encore; j'aurais sympathisé avec le bonheur et le malheur; je sais danser, chanter comme une autre : j'existe enfin.

Henry lui saisit la main et la couvrit de baisers.

— Ma pauvre Soledad, calmez-vous, on vous aimera. Qui sait! Peut-être même quelqu'un vous aime-t il déjà; il faut chercher.

— M'aimer! moi! et qui donc? Toi peut-être, Henry.

— Moi, répéta Henry que cette question fit tressaillir. Il hésita quelques secondes et s'écria : Moi! oui. Il faut changer ses idées à tout prix, pensa-t-il.

— Toi, Henry! toi m'aimer! Mais ce n'est pas possible! ne me dis pas cela. Tu veux m'empêcher de mourir; tu me tends la main. Oui, je t'aimerais, je le sens, si je vivais avec toi, si je te connaissais, si je pouvais te voir, t'entendre, t'apprécier davantage.

— Oui, je t'aimerai; mais, Soledad, retourne chez ta tante. Tu envisageras les choses avec plus de tranquillité d'âme.

— Tu ne me comprends pas, Henry; je suis calme, je suis tranquille, mais ne me dis pas que tu m'aimes ou bien que tu m'aimeras, parce qu'alors tu ne me parlerais pas de retourner chez ma tante, parce que tu aurais pitié de moi. Regarde; moi, je ne te dis pas que je t'aime, parce que je mentirais; je ne peux pas t'aimer; je ne te connais pas, mais je puis te dire que j'ai envie de t'aimer, que je t'aimerais; je suis sûre que tu m'aimerais aussi.

Elle prenait les mains d'Henry, le regardait fixement. Le malheureux ne savait plus que dire, que faire. Il avait feint l'amour pour modifier les idées, pour sauver l'existence de Soledad; mais il avait peur des conséquences de ce mot.

— Non, non, laisse-moi mourir! s'écria-t-elle; laisse-moi mourir, il le faut.

— Reste-là, Soledad, ma belle, je t'en prie, je t'en supplie; je t'aimerai de toutes mes forces.

— Arrêtez, dit-elle, ne croyez pas Henry que je mendie l'amour, que je mendie la vie; je n'ai pas peur de la mort. Je souffre, voilà tout. Moi, recevoir la charité. Je ne l'ai jamais reçue, je ne la recevrai jamais de personne.

Henry était frappé de la dignité et de la noblesse de cette femme, aussi fut-il presque de bonne foi en lui disant :

— Restez ici, Soledad; je vous aime, je le vois, plus que vous ne le pensez, que je ne le pensais moi-même. Attendez-moi.

— Je sais bien où vous allez, Henry, mais c'est une démarche inutile.

Henry éprouvait le besoin de respirer, de réfléchir. Il oubliait que la veille, seul avec lui-même, il se sentait presque amoureux de Soledad. Et maintenant elle était chez lui, il en était le maître et n'en voulait plus. Il courut chez Pascuala. C'est à peine si on voulut le recevoir. Quand il parla de Soledad, la tante entra en fureur : C'est une misérable ! une fille perdue ! s'écria-t-elle ; elle a déshonoré sa famille. Pascuala montra tant d'âcreté, de rage, de méchanceté que Henry bénit le ciel d'avoir sauvé Soledad. Du reste, sa tante ne voulait plus en entendre parler et l'abandonnait complétement. Quelle horrible femme, pensa Henry. Pauvre Soledad, elle est bien coupable ou elle est bien malheureuse. Une voix intérieure répondait : Si elle est coupable, c'est à toi de lui pardonner au nom de tous ; si elle est malheureuse, c'est à toi de la consoler.

Mais comment ?

Sir Henry était une âme généreuse, noble, plus que chevaleresque avec les femmes ; mais des idées bien arrêtées lui faisaient repousser toute pensée de mariage. Faire de Soledad sa maîtresse lui répugnait. Il se croyait peu épris, et prévoyait devoir quitter la jeune fille. D'un autre côté, l'abandonner dans Madrid, c'était la livrer au hasard. Si Soledad eût eu un autre caractère, en l'aidant peu à peu, le courage lui fût revenu ; elle eût travaillé. Mais ce n'était pas une nature capable d'un travail suivi. En pénétrant plus avant dans l'âme d'Henry, peut-être l'aurait-on vu séduit par cette révélation bizarre des côtés grandioses de l'âme toute naïve d'une femme. Il était fatalement poussé vers Soledad ; il ressentait pour la jeune Andalouse un de ces amours indéfinissables qu'on éprouve pour une statue.

Il était plus incertain que jamais en revenant près d'elle. Sir Henry avait pris d'étranges proportions pour Soledad ; ce n'était pas l'amour, c'était la vie. Elle était comme un homme qui se jette à l'eau, et se rattrape à une branche pour sauver une existence qu'un moment auparavant il avait hâte de voir se terminer.

— Bonjour, Henry, dit Soledad ; que t'a dit ma tante ?

— Laissons la tante ; il n'y faut plus songer. Mais toi, Soledad, que veux-tu faire ?

— Me tuer, ou t'aimer, si tu m'aimes !

— T'aimer, Soledad ! mais comment ? Je ne puis me marier ; je ne le peux pas. Je ne puis que te donner des conseils inspirés par mon affection, et tu ne veux pas les suivre.

— Qui te demande de te marier ! répliqua sèchement Soledad. Quand on s'aime réellement, on s'aime avant d'être mariés, on s'aime quoique mariés ; on ne s'aime pas parce que l'on est mariés.

Henry pensait lui-même ainsi, et se trouvait dans la plus singulière perplexité.

— Puis, me marier, continua Soledad, je ne le pourrai jamais. Qui voudra m'épouser ? Je suis perdue, déshonorée...

— Toi ! Comment ?

— Oui, moi, Henry. Ne crois pas que j'ai aimé, non ; que j'ai été séduite, non ; j'ai été trompée : il m'a fallu succomber à la violence, à la force. Je te le jure... J'ai été sur le point de me tuer ; mais je n'ai pas voulu le faire, parce que je ne me sentais pas coupable, parce que je sentais que cette souillure n'avait pas atteint mon honneur, que j'étais tout aussi digne d'amour ; mais alors seulement digne de l'amour d'une âme généreuse capable de s'élever au-dessus d'un misérable affront. Ma tante chercha à me marier ; je crus de mon devoir de prévenir Federico. S'il m'avait aimée, il m'eût épousée. Car, je te le jure, Henry, je ne suis pas coupable ; Federico m'a délaissée ; je le regrette peu. Ainsi donc, quand il s'agit d'amour entre nous deux, ne me parle pas de mariage. Dieu m'a faite telle que je ne pourrais me marier qu'en trompant quelqu'un. Je ne me marierai pas.

Puis à cet élan de fierté succéda la tendresse.

— Non, Henry ; je comprends tes scrupules. Je vois ce qui t'arrête. Si tu m'aimes, oublie. Je ne suis pas une femme qu'on respecte ; je suis une femme qu'on doit aimer, qu'il faut aimer, et qui ne peut pas vivre plus longtemps sans amour. Méprise-moi, mais aime-moi. Voilà trois ans que j'attends, trois ans que je souffre ; attendre ! mais c'est la mort pour moi ! Henry, aie pitié. Comprends donc ce que souffre la pauvre Soledad. Aime-la un peu, et tu verras si elle n'est pas digne d'être aimée mille fois plus. Tu as le cœur assez haut placé pour oublier l'heure de ma vie qui m'a été volée lâchement. Et moi, je ne sais ce que j'éprouve à ton égard ; mais moi, la fière, l'orgueilleuse, je ne sais pourquoi je m'humilie devant toi, et je te parle comme jamais je n'aurais cru devoir parler à un homme.

Est-il besoin de dire qu'à ces derniers mots Henry tenait la jeune fille dans ses bras. Soledad le repoussa vivement.

— Attends, dit-elle ; jure-moi sur ta mère que tu m'aimes réellement, car, je te le répète, ce n'est pas l'aumône d'un indifférent que je veux.

— Je te le jure, Soledad ; c'est un élan de mon âme ! c'est quelque chose d'inexprimable qui me pousse vers toi ! Je ne sais ce que j'ai fait. Je ne sais si j'ai tort ou si j'ai raison, si je t'aime ou si je ne t'aime pas. J'oublie ce qui s'est passé hier ; je ne veux pas savoir ce qui se passera demain. Je ne vois que toi, toi seule dans le monde ! Tu es une sorcière. Je ne suis plus maître de moi. Tu fais de moi ce que tu veux.

Et il l'étreignit dans ses bras.

— Henry ! tu m'aimes donc ?

Soledad et sir Henry, ces deux êtres si bizarrement réunis, allèrent vivre dans un quartier assez éloigné du centre de Madrid, loin du bruit, de la foule et du mouvement. L'un et l'autre avaient besoin de calme pour mieux se remettre et mieux s'étudier.

Les premiers temps d'une semblable union sont toujours heureux et ressemblent assez à la félicité parfaite. Soledad vivait : Henry oubliait dans ses bras son calme et sa défiance. Il était fasciné, magnétisé. Il entourait la jeune fille de soins qui furent pris pour les manifestations de l'amour le plus vrai. Soledad répondait à ces caresses le mieux qu'elle pouvait. Il y a dans l'amour des femmes du Midi, à côté de révélations éclatantes d'une force prodigieuse, des moments de servilité incompréhensible. Ce n'est plus une femme, ce n'est plus une amante, c'est une esclave attentive à prévenir tous les besoins, toutes les volontés. Henry jouissait de voir cette femme à ses pieds : tout ce qu'il y avait d'artiste en lui triomphait auprès de la jeune Andalouse, dont les poses, les gestes avaient presque toujours un caractère sculptural, et dont les phrases à tournures théâtrales et sonores l'émotionnaient et le charmaient tout à la fois. Mais son affection était toute matérielle. L'invraisemblance réalisée lui avait monté la tête, l'avait jeté dans une intrigue bizarre. En déclarant à Soledad sa passion pour elle, il avait succombé à une tentation puissante, à un désir effréné contre lesquels il avait lutté avec trop de raideur et trop systématiquement pour ne pas succomber ; mais il était sincère lorsqu'il lui promit de l'aimer. Henry, dans un élan généreux, se jura de développer l'esprit de cette femme, de telle manière que l'enveloppe matérielle de l'âme, ses qualités si séduisantes de franchise et de naïveté fussent équilibrées par une finesse et une distinction de sentiments nécessaires pour que lui-même se sentît complétement amoureux. Une telle transformation était-elle dans la limite des forces d'Henry ? Entreprit-il habilement la réalisation de son rêve ? Pouvait-il réussir ?

Henry était une de ces natures comme il en existe un grand nombre à notre époque. Placé par sa famille, par son éducation, par sa fortune, dans les hautes classes de la société, il n'avait pas accepté les maximes toutes faites, les axiomes de la banalité ; il avait écouté les inspirations généreuses de son âme, et était arrivé à des conclusions logiques qu'il redoutait lui-même. Il se trouvait socialiste, et n'osait pas exposer ses opinions, dont il saisissait toute la justesse, aux objections inutiles et dangereuses par leur futilité même de la sottise la plus inepte. Il refoulait donc en lui-même ces pensées qu'il n'osait pas qualifier, en avait fait sa propriété, son bien, sur lequel il vivait se croyant à une hauteur prodigieuse, séparé du reste du monde, dont il voulait se rapprocher pour l'améliorer de ses idées et auquel il ne voulait pas tendre la main. Toute idée sage, forte et bonne triomphe dans le monde : ses éléments existent sur tous les points, et le véritable honnête homme est celui qui groupe ces éléments pour en former un tout utile. Les théories qui se cachent, conspirations ou inspirations, sont enfants malsains que la grande lumière, le grand air aveugleraient et tueraient. Les principes d'Henry perdaient dans leur rigidité et leur isolement leur force productive. Il lui devenait impossible de mettre ses théories en pratique. Certes, dans le fond de son âme, il étendait la puissance d'amour de la femme et l'aimait en raison des difficultés théoriques opposées à son entier développement. Peut-être même allait-il jusqu'à s'avouer la différence des natures, jusqu'à comprendre idéalement leurs expansions diverses, leurs allures variées? Mais, spiritualiste comme il l'était, il permettait seulement aux natures vives et aux natures calmes de se développer spirituellement et uniformément. Il permettait à une jolie femme d'être jolie en rêve, au ciel, et se défiait d'elle lorsqu'il la voyait jolie, sur terre, à ses côtés.

Le hasard le rapprochait d'une de ces natures vives, ardentes, pleines de feu, remplies de grâce et de beauté. Il voulait mettre ses théories en pratique, forcer la pauvre Soledad à perdre sa forme actuelle pour devenir un pur esprit, à quitter ce corps qui l'avait séduit pour devenir beauté idéale, elle, la beauté physique, la beauté du moment. Il croyait que pour mieux l'aimer il devait s'éloigner moralement de cette femme, condamnait cette nature, la reléguait dans une infériorité imaginaire, et lui-même se mettait si haut qu'il ne pouvait même plus descendre jusqu'à elle.

Et cependant c'étaient bien ces mêmes formes matérielles, vivantes, qui l'avaient attiré. Rien de plus malheureux que ces gens qui, se créant en théorie un idéal splendide, en cherchent la réalisation parfaite et par conséquent introuvable, vivent dans l'avenir et méprisent le présent, échelon indispensable pour monter plus haut sur l'échelle de l'éternité que nous gravissons sans cesse. C'est là un des écueils de l'amour des hommes intelligents. Ils proclament la femme indispensable à leur existence, ne veulent pas voir celle que la Providence place près d'eux pour contribuer et participer à leur progrès, la repoussent, la martyrisent, l'oublient, et, ne voyant que leur idéal chimérique au ciel, oublient leur devoir qui est de rendre au moins l'amour qu'on leur donne ici-bas.

Henry l'avait dit lui-même : on passe à côté de

celles qui vous aiment pour aller chercher celles qui ne vous aiment pas. Lui-même fut la preuve vivante de la vérité de ces paroles. Quand les premiers moments, quand les premières ardeurs furent passées, il réfléchit, raisonna, oublia. Chaque manifestation du caractère de Soledad, s'ouvrant à la liberté et à la vie, le poussait à l'exagération de sa propre nature calme et raisonneuse. Devant la franchise il se fit réservé, devant le mouvement il se tint immobile. Il jugea cette Andalouse, ce sang brûlant du Midi, comme il aurait jugé une Anglaise, une Française, élevées dans le sein d'une famille rigoriste de nos climats tout différents. Il discuta rhétoriquement cet acte tout spontané d'une femme se donnant à lui. Il ne chercha pas à comprendre, il condamna sans entendre, réprouva, et, dans sa manière de voir étroite, peut-être, si cette femme ne s'était pas adressée à lui, l'aurait-il mésestimée pour avoir demandé existence et amour.

Nous voulons tous être sans péché; nous aimons à jeter les premiers la pierre. Nous méprisons assez volontiers la femme qui se donne à d'autres qu'à nous; nous la flétrissons quand elle n'a pas eu dans nos bras la faiblesse qui la fait adorer par un autre. En vérité cela est triste et ridicule.

Aussi Henry ne condamna-t-il pas Soledad. Il songea même à ce que dans son orgueil il appelait l'élever à son niveau. Il fit même quelques pas dans cette voie; mais s'y prit maladroitement.

Il demanda à Soledad ce qu'elle avait lu, ce qu'elle savait. Elle savait lire, à peine écrire ; Henry voulait que cette femme vint tout à fait à lui, tandis que son véritable rôle était d'aller à elle.

En fait d'habitudes philosophiques, il lui suggéra celle de ne plus aller à la messe, parce que c'était inutile. Il lui prit son Dieu ; lui en donna-t-il un autre ?

Prenons-la comme elle est. Respectons sa nullité pittoresque, pensa-t-il. A l'opposé de Pygmalion qui d'une statue fit une femme, d'une femme Henry fit une statue.

Solelad n'avait aucune théorie de l'amour ; elle se laissait simplement aller à son penchant pour cet homme qui lui avait sauvé la vie. Elle était heureuse des moindres attentions qu'Henri avait pour elle et ne cherchait pas à se défendre d'un amour qui entrait peu à peu dans son âme. Elle aimait de toute la force de ses dix-sept ans. Pendant trois ans rien n'avait manqué à son malheur ; elle croyait maintenant avoir trouvé le bonheur, et les regards qu'elle jetait parfois sur sa vie passée le lui persuadaient davantage.

Pendant trois ans elle avait rencontré l'antipathie, la haine ; elle avait étouffé tout sentiment, n'avait pas vécu : maintenant elle vivait, elle s'abandonnait à tous les élans de son âme. Elle jadis si calme, si réservée en présence d'Henry même, pour qui elle ressentait la plus grande sympathie, devint vive et passionnée. Autrefois elle parlait peu et lentement, et chacune de ses paroles était pesée, réfléchie. Maintenant tout ce qui lui passait par la tête se traduisait en mots vifs et légers. Sa nature se dévoilait au grand effroi d'Henry qui ne reconnaissait pas la Soledad d'autrefois, dont il s'était approché plein de confiance, qu'il espérait convertir et qui lui semblait maintenant si différente. Il n'en restait pas moins sous le charme de la séduction, mais son caractère calme et posé s'effrayait du feu qui semblait consumer Soledad.

Un soir, dans un moment d'expansion et de franchise, elle raconta à Henry le moment fatal de sa vie.

— C'était dans les premiers jours qui suivirent la révolution de 1854, mon oncle venait d'être tué, et Juan perdit sa place. L'argent manquait à la maison et je le savais d'autant mieux que c'était moi qui la dirigeais. Une après-dînée nous étions en train de travailler, une amie à moi et l'idiote, lorsque deux messieurs entrèrent dans la chambre où nous étions et qui se trouvait au-dessus de l'appartement. Ils nous offrirent des bonbons en nous débitant mille fadeurs, puis dirent que la tante me demandait. L'un surtout, un brun, don Luis, se montra fort empressé à mon égard. La peur nous prit. J'avais quatorze ans et demi. Je ne voulus pas descendre. En cherchant mieux dans mes souvenirs, je crus reconnaître don Luis. passait souvent sous ma fenêtre, et plusieurs fois m'avait fait des signes auxquels je n'avais pas voulu répondre. Ma tante vint elle-même me chercher quelques minutes après et me gronda de n'être pas descendue avec ces messieurs. J'aimais beaucoup ma tante.

— Embrasse don Luis , me dit-elle, c'est un homme qui t'aime, qui m'aime et qui nous veut du bien. J'approchai de cet homme et je sentis ses lèvres déposer sur mon front un baiser ardent.

Alors, en ma présence, ma tante fit de moi un éloge complet. J'avais toutes les vertus, tous les talents ; puis elle parla de mon corps, de mes bras, de mes jambes, de ma poitrine. J'étais étonnée, confuse, je rougissais, je pâlissais ; je m'enfuis précipitamment. Ma tante resta longtemps à causer avec ces messieurs, puis me rappela pour leur dire adieu. Don Luis m'embrassa encore sur la bouche, promit de revenir me voir et me demanda de ne plus avoir peur.

Ma tante me reprocha assez vivement de m'être échappée. Voyez-vous, dit-elle, une fille de ton âge qui a peur d'un joli cavalier comme don Luis. Je voudrais avoir ton âge pour qu'il me dise tout ce qu'il t'a dit. Puis elle me prit les mains et ajouta d'un ton doucereux. Don Luis est un Havanais très-riche qui te veut du bien. Il faut être aimable pour lui. Nous sommes trop pauvres pour être fières. C'est lui seul qui nous fait vivre. Si tu le mécontentes il nous abandonnera, et, reprenant d'un ton plus âcre, je ne peux pas te nourrir à rien

4.

faire. Tu es jeune, en état de travailler, il faut que tu travailles. Personnellement Luis m'avait déplu, m'avait semblé repoussant. Il revint le lendemain, ma tante me laissa seule avec lui. Il se montra très-pressant, me promit force cadeaux, me prit les mains. Je fus obligée de me sauver. Nouvelles remontrances de ma tante. Je n'étais qu'une petite sotte. Luis m'adorait. Je pleurai.

Le lendemain, ma tante et moi, nous allâmes dîner chez Luis : le dîner fut très simple, et l'on passa la soirée à jouer au tresillo. Le jour suivant nouvelle visite de don Luis. Je restai seule encore avec lui. Mon cœur battait. Je rougissais. Luis me demanda s'il me déplaisait, je répondis à peine : il se retira vexé. Ma tante m'injuria, me battit et me dit qu'elle me chasserait de chez elle si je n'obéissais pas en tout à don Luis. Nous dînâmes chez lui le lendemain : ce fut un festin complet. On me fit boire avec excès, prendre du café, de l'eau-de-vie de France ; on me grisa, ma tête tournait. Aussitôt après le dîner, ma tante sortit. Elle allait revenir, disait-elle.

Soledad mit sa tête sur les genoux d'Henry.

— Tout ce que je me rappelle, c'est que l'on me tenait avec force : je mordais les oreillers, j'aurais mordu Luis si j'avais pu. Henry, tu vois que je ne suis pas coupable. On me ramena à la maison dans un état horrible. Je tombai malade et et manquai mourir. Luis revint pour me voir. Ma tante lui assura que je n'avais rien. La seule vue de Luis me donna une nouvelle crise. Ma tante m'aurait battue si ce n'eût pas été trop ouvertement m'assassiner. Luis revint encore une fois, quinze jours après. Je me trouvai mal. Il ne revint plus, et depuis lors ma tante fut d'une brutalité sauvage à mon égard. Dans la famille tout fut ignoré. Henry, je ne suis pas là seule qui ai souffert ainsi, mais nulle n'a souffert plus que moi.

Certes Henry sentit son âme se soulever à ce récit. Il flétrit cet odieux marché, méprisa ceux qui l'avaient fait, plaignit la pauvre Soledad. Mais il souffrit intérieurement de voir toujours ce don Luis entre elle et lui. Plus il y songeait, moins il pouvait effacer cet inconnu de son imagination. Involontairement il estima moins Soledad. Cet aveu acheva de tuer l'idéal. La femme qu'il ne voulait pas comprendre restait seulement.

Cette femme l'aimait bien.

Soledad sentait chaque jour croître son amour pour Henry. La douceur, la finesse, la préoccupation perpétuelle de ce dernier lui plaisaient, l'attachaient. Le jeune homme la séparait pour ainsi dire, l'éloignait de ses idées intimes. Elle, au contraire, cherchait à l'associer à toutes ses idées. Quand il était absent, non-seulement sa pensée le suivait, mais encore elle prenait un objet insignifiant, n'importe lequel, pourvu qu'Henry l'ait touché, le tenait dans sa main, ne le quittait pas. On ne saurait s'imaginer jusqu'où allait cette pas-

sion. Un jour Henry la trouva portant des rognu-
res d'ongles dans un petit sachet de soie pendu à
son cou. Elle ramassait les poils de sa barbe et les
conservait. C'était quelque chose de fou, d'insensé
qu'Henry ne voulait pas comprendre et qu'il se
figurait bénévolement être dans les coutumes du
pays.

Vint l'époque des grandes fêtes d'été, à Madrid,
la Saint-Jean et la Saint-Pierre. A minuit la foule
descend du Prado. Des rondes se forment et l'on
danse toute la nuit. Des bandes de jeunes filles
avec des robes de toile blanche ou rose, un châle
aux couleurs vives enveloppant les épaules et s'enroulant à la ceinture, la tête nue, courent en chantant. On mange des beignets cuits sur place dans
d'immenses chaudrons remplis d'huile bouillante
et exhalant une odeur infecte. Henry était assidu à
ces manifestations de la vie espagnole. Soledad lui
servait de guide, lui expliquait mille détails, les
animait de sa parole vive, lui répétait tous les
couplets qu'il entendait. Ce n'était plus une
femme, c'était un livre. La pauvre fille s'acquittait de sa tâche avec la merveilleuse éloquence de
l'amour. Elle avait fini par si bien connaître les
goûts d'Henry, que le renseignement désiré était
donné avant d'avoir été demandé. En revanche,
lorsque Soledad voulait arracher à son amant quelques lambeaux de ses pensées secrètes, elle se les
voyait disputer avec l'acharnement d'un avare qui
garde son trésor.

Lorsqu'il pensait à l'Angleterre, Henry allait jusqu'à se reprocher d'être avec Soledad. Il se voyait ridicule, blâmé. Il n'osait sortir pendant le jour. Dans d'autres moments, il s'abandonnait sans retenue à ce qu'il ne savait pas être le bonheur d'être aimé. Il croyait que toutes les marques d'affection exagérée dont il était l'objet n'étaient que des caresses mensongères, et il ne voyait dans Soledad qu'une jeune fille romanesque attachée à lui par le hasard, restant avec lui par nécessité et nullement par amour. Aussi la traitait-il comme une esclave, comme une chose. Il la drapait dans des étoffes de couleur, lui mettait des fleurs dans les cheveux, composait des tableaux. Soledad, pour lui complaire, restait des heures entières sans bouger. Elle se sentait heureuse d'être regardée par lui, croyait qu'il l'aimait pour elle et non pour l'amour de l'art. Savait-elle seulement ce que signifie ce dernier mot, elle qui était cependant une créature tout à fait artistique.

Le soir il lui faisait jouer de la guitare et chanter ces couplets que l'on retrouve dans toutes les bouches, couplets brûlants d'amour.

> Dadme tu sangre, Serrano,
> Que yo te dare la mia.
> Y haremos una contrata
> Que dure toda la vida (1).

Henry entendait le tressaillement des cordes,

(1) Donne-moi ton sang, Serrano, je te donnerai le mien, et nous ferons marché pour toute notre vie.

remarquait la force de la pensée, et ne voyait pas que ces couplets lui étaient adressés, que cette passion on l'avait pour lui, que ce qui le charmait le plus dans ces chants, c'était le sentiment, la vérité, le feu avec lesquels ils étaient dits, avec lesquels on l'encensait, lui, l'idole.

Il y avait en ce jeune homme un peu de ce suprême égoïsme des artistes, égoïsme qui serait horrible s'il n'était pas compensé par un désir immodéré de gloire, s'il n'avait pas sa source dans un besoin d'amour mal déguisé.

Soledad ne comprenait pas ce qui se passait dans l'âme de son amant; elle ne cherchait pas à le comprendre : elle prenait des attentions banales pour de l'amour. Il est ainsi fait, disait-elle, c'est ainsi qu'il faut que je l'aime, c'est ainsi que je l'aime. Si elle avait un idéal, elle le forçait à prendre les traits, la nature d'Henry. Elle voyait ses défauts et les dissimulait sous l'amour. Elle ne savait rien de l'avenir, rien de la différence des natures. Elle n'eût rien compris si vous lui eussiez demandé si Henry était supérieur ou inférieur à elle ; mais elle se serait jetée à son cou et l'aurait regardé comme on regarde quand on aime, réalité qui contient le germe de l'idéal.

Soledad croyait qu'ils avaient, comme dans la chanson, fait un traité pour toute la vie.

Henry fut pris d'une sorte de vertige, il oublia ce qu'il avait à faire : ouvrir peu à peu son âme, soumettre ses idées à la fécondation brûlante de l'amour de Soledad, associer sa froideur à sa vivacité, son calme à sa franchise pour s'élancer ensemble vers des sphères plus élevées. Malheureusement nous repoussons trop volontiers ces associations, ces recherches communes, nous préférons marcher seuls, isolés, soutenus seulement par cet amour que nous refusons de partager ouvertement et qui fait seul notre vigueur.

De tout ceci ne tarda pas à résulter une vie silencieuse, étouffée, fausse, au milieu de laquelle l'ennui pour l'un, l'incertitude pour l'autre apparurent funèbrement. Des mots qu'on ne peut se rappeler, des intonations que la plume est impuissante à exprimer, des gestes inexplicables, des regards étonnés, maladroits, des pensées qui se traduisent beaucoup plus par des réticences que par des paroles.

Sir Henry ne luttait pas contre le courant d'idées qui l'éloignait de Soledad, tandis que la jeune fille, au contraire, s'efforçait de ne pas comprendre, s'étourdissait. On peut dire qu'elle seule parlait dans la maison. Elle était toujours gaie quand Henry était là; quand il n'y était pas, elle était inquiète, taciturne; elle devint jalouse: c'était encore un moyen de penser à lui. Quoique bien sûre de ne pas avoir de rivale, elle épia Henry, elle le surveilla, l'accompagna sans qu'il le sût. Elle ne tarda pas à bien se convaincre que le jeune homme lui appartenait à elle seule. Elle s'imagina qu'Henry avait son amour, son cœur en Angleterre.

Il est une chose que les femmes comprennent toujours, quel que soit leur peu d'instruction, quelle que soit la finesse de l'homme : c'est la valeur de l'amour dont elles sont l'objet.

Soledad vit bien qu'Henry ne l'aimait pas complétement, de toute son âme. Celle qu'il aime est en Angleterre, pensait-elle. Elle se trompait : le cœur de son amant était libre ; elle-même en avait chassé tous les souvenirs. Dans sa jalousie elle exigea qu'Henry lui lût toutes les lettres qu'il recevait d'Angleterre. Henry le fit, mais se lassa bientôt de ces traductions dont la curiosité indiscrète était l'unique motif selon lui.

—Mais pourquoi donc ne m'aime-t-il pas comme je l'aime ? Et tous les efforts de son intelligence ne pouvaient l'aider à comprendre.

Elle perdit sa gaieté, devint triste, inquiète, nerveuse, méchante ; peut-être par calcul. Aucun changement ne se produisit chez Henry. Il se montra plus doux, plus bienveillant, plus gracieux, mais pas plus amoureux. Ce qui lui semblait être l'amour autrefois lui paraissait sensualisme.

Henry alla passer trois jours en voyage, à Tolède. Soledad resta seule à pleurer. Elle ne voulut point se coucher dans le lit qu'ils partageaient d'ordinaire ; elle dormit sur un fauteuil. Pour la première fois alors elle pensa qu'Henry pouvait la quitter, l'abandonner. Cette idée la plongea dans des terreurs muettes. Jamais voyageur revenant des terres les plus lointaines ne fut mieux accueilli qu'Henry à son retour de Tolède, douze lieues de Madrid.

— Songe combien je suis seule quand tu n'es pas auprès de moi, lui dit Soledad ; tu es ma seule famille, tu es mon père, tu es ma mère, mon frère, ma sœur ; tout ce que j'aime est en toi, en toi seul.

Henry était tellement habitué à de semblables paroles d'amour qu'il n'y prêtait que fort peu d'attention. Il s'ennuyait. Les grandes chaleurs de l'été étaient passées ; l'automne splendide l'appelait à continuer son voyage. D'un autre côté, comment se séparer ? comment quitter Soledad ?

La pauvre fille soupçonnait ce qui se passait dans l'âme de son amant. Une horrible idée s'empara d'elle : elle voulut tuer Henry. Un jour ce dernier lui adressa, je ne sais à quel propos, un mot assez dur. Soledad saisit un couteau et se précipita pour l'en frapper. Un regard d'Henry l'arrêta. Elle tomba à ses pieds. Henry voulut la relever ; elle s'y refusa. — Laisse-moi, laisse-moi, dit-elle ; je suis folle, je ne sais plus ce que je fais. Puis elle pleura amèrement et lui demanda pardon.

— On n'a qu'une passion dans la vie, disait-elle, on n'aime qu'une fois. Tu es mon amour. Tandis que toi, tu as aimé déjà, tu aimeras encore. Quand je vivrais mille ans je n'aimerais que toi, je ne penserais qu'à toi. Béni soit le père qui t'a fait, la mère qui t'a engendré, et jusqu'au sacristain qui t'a baptisé. Après Dieu, tu es ce que j'aime le plus au monde, tu es mon Dieu sur la terre.

Henry se lassait d'être Dieu. Il avait raison dans un sens. Mais n'était-ce pas lui-même qui s'était placé sur un piédestal, n'était-ce pas lui qui avait laissé dans son âme un voile mystérieux que les regards amoureux de Soledad n'avaient pu déchirer? Il faut lui rendre cependant cette justice, il avait oublié d'abord auprès de Soledad l'existence de toute autre femme; mais à mesure qu'il avançait dans cette voie de rupture et d'isolement, d'anciens souvenirs ressuscitaient en lui. Il rêvait à d'autres femmes, désirait d'autres relations, et plus d'une fois un baiser imprimé sur le front de Soledad s'adressait à une autre.

Il était dit que la pauvre fille devait tout souffrir sans que personne comprît ses douleurs et les consolât. Elle se sentit mère. Son premier sentiment fut une joie profonde. Si Henry me quitte, j'aurai de lui un souvenir vivant. Toutes les femmes qui ont aimé ont refait ce vers de Virgile:

Si quis in aulâ.....

Puis la peur la prit. S'il sait que je suis enceinte, pensa-t-elle, peut-être va-t-il m'abandonner. S'il venait à douter de moi? Dans l'incertitude première, elle alla porter de gros bouquets et d'immenses cierges à sa patronne, Nuestra Señora de la Soledad (Notre-Dame de la Solitude). Elle était mère bien réellement. Henry l'ignora ; elle parvint à lui cacher les premiers accidents. Un soir même elle lui dit en souriant :

— Et si je devenais mère, que ferais-tu ?

— Ce serait un grand malheur, répliqua Henry; nous verrions. Mais pourquoi fais-tu de pareilles suppositions, Soledad ? On dirait que tu cherches à me tourmenter à plaisir.

Imaginez ce que de telles réponses devaient produire sur l'âme de Soledad. La malheureuse jeune fille ne savait plus à quel saint se vouer. Elle résolut d'anéantir le germe qu'elle portait dans son sein ; meure l'avenir plutôt que le présent. De vieilles bohémiennes qu'elle consulta secrètement lui conseillèrent d'horribles drogues dont l'unique résultat fut de l'affaiblir, de l'abattre. Sa figure s'étirait; ses lèvres, jadis rouges comme des fleurs de grenadiers, pâlissaient; elle maigrissait, s'étiolait. Les idées les plus sinistres s'emparèrent d'elle.

Henry la voyant ainsi affaiblie, changée, lui demanda si elle n'était point malade. Elle répondit que jamais elle ne s'était mieux portée, calma ses inquiétudes de la manière la plus charmante. Elle se peigna mieux, s'habilla plus coquettement; elle cherchait à se faire plus belle pour lui plaire davantage, pour l'empêcher de s'éloigner. Peut-être à ce moment même Henry souhaitait-il qu'elle le trompât : c'eût été un prétexte convenable pour rompre naturellement.

Cependant, pour Soledad cette lutte devenait chaque jour de plus en plus impossible. Il lui passa par la tête un moment de faire de la diplomatie féminine. Un jour qu'Henry était sorti pour toute la journée, ce qui lui arrivait assez souvent, elle disposa toutes ses affaires; elle allait partir : elle resta. On dira, pensa-t-elle, que j'agis ainsi pour me faire épouser par lui.

Et pendant ce temps, elle le sentait bien, son enfant grandissait en elle.

Dès lors sa résolution fut irrévocablement prise. Je me tuerai, alors peut-être croira-t-il que je l'aimais. Il peut vivre sans mon amour, mais moi je ne peux pas vivre sans le sien. Plusieurs fois elle crut que son dernier jour était venu; puis, elle vivait pour une caresse, pour un regard, pour un baiser. Elle devint plus douce, plus tranquille; peu à peu sa mélancolie disparut. N'était-elle pas maîtresse de sa liberté; elle devint plus jolie, plus séduisante que jamais. Chaque moment la rapprochait de la mort, chaque moment la rendait plus gaie. Son caractère, qui s'était modifié dans les derniers temps, reprit toute sa vivacité et toute sa force : tous les jours c'étaient des chants, des plaisirs nouveaux. Elle séduisit Henry une seconde fois pour ainsi dire, et comme elle le connaissait mieux, elle chercha à lui plaire et lui plut par des raffinements de séduction d'une science approfondie. Ce ne fut plus une femme, mais un être fantastique; un rêve, un idéal de vivacité et d'animation. Elle ménageait à son amant des parties de plaisir, des promenades, des surprises. C'était un tourbillon de bonheur dont elle était le milieu, la reine.

Henry ne pouvait pas comprendre ce qui se passait. Etait-il bien coupable en tout ceci ? Il jugeait avec les idées du monde qui lui avaient été imposées. Il s'était éloigné de Soledad, et voilà que celle-ci le ramenait forcément à elle. Henry s'étourdissait de cette résurrection ; chaque matin, en la voyant, il oubliait ses réflexions de la veille et s'abandonnait à la femme qui prenait possession de lui une seconde fois, le fascinait, parfois même l'épouvantait.

Un soir, en rentrant, il trouva Soledad plus séduisante que jamais. Ses traits étaient remplis de calme et de majesté, tout le feu de la vie resplendissait au contraire dans ses yeux étincelants, dans lesquels brillait déjà peut-être la maternité. Elle avait un costume de danseuse andalouse, une robe rose, une mantille dorée, une basquine noire, la jambe découverte, les bouclettes de cheveux sur les tempes, la rose rouge près de l'oreille. Elle prit une guitare et chanta des couplets improvisés en l'honneur d'Henry. Puis elle dansa : cette danse était quelque chose de singulier, une sorte d'appel de la matière à la matière, un magnétisme, un enivrement physique. C'était un esprit du feu voltigeant sans cesse au milieu de tourbillons aux mille couleurs. Chaque partie de son être semblait vivre d'une vie particulière, s'animer à son gré.

Elle parlait tantôt avec les pieds, tantôt avec les mains, avec la poitrine, les épaules, la tête, les dents, la bouche, les yeux. La lune jetait sa lumière par la fenêtre ouverte.

Henry n'existait plus en lui-même, il était suspendu tout entier au corps de cette femme. O matière! qui donc a nié ta puissance. Henry ne voyait plus que Soledad. Son cœur battait violemment. Sa tête était en feu, sa langue emplissait sa bouche desséchée, ses lèvres tremblaient involontairement. Il faillit mourir, quand Soledad, haletante, vint se jeter sur lui, passa ses bras autour de son cou, couvrit son visage de baisers et lui murmura :

— Henry, Henry, après Dieu, tu es ce que j'aime le plus au monde!

Ce fut une nuit d'amour, de bonheur, une minute de la vie éternelle. Leur âme se fondit aussi complétement que Dieu permet ce bonheur suprême.

Au matin, Henry se réveilla à moitié habillé; il jeta les yeux avec ivresse sur Soledad. Il l'aimait, et bien réellement. Elle lui sembla d'une pâleur effrayante, il l'appela, la toucha. Elle était froide comme un marbre, morte. Ses lèvres entr'ouvertes laissaient voir ses dents serrées convulsivement. Avant de mourir elle avait placé dans sa bouche un médaillon qu'Henry lui avait donné rempli de cheveux. Elle était habillée et s'était faite belle pour plaire encore à Henry, même après sa mort.

Sur la table, le jeune homme trouva quelques lignes que la mort avait empêché d'achever.

« Mon Henry , ma vie, mon âme, nous nous
» étions promis de nous aimer. Moi seule j'ai tenu
» ma promesse. J'allais être mère : tu m'aurais
» peut-être quittée, je préfère mourir. Je ne te
» quitterai pas. Je baise mille fois ce papier que
» tu toucheras encore de tes mains et je vais mou-
» rir près de toi. »

A genoux aux pieds du corps de Soledad qu'il couvrait de baisers , il lui demanda pardon de ne l'avoir pas comprise ; il demanda pardon à Dieu.

Selon le désir manifesté souvent par Soledad, elle fut enterrée avec son costume de fête, près de la petite Sofia. Henry garda la clef du cercueil et la porta suspendue à son cou. Il s'enfuit de Madrid, d'Espagne, avec cette mauvaise figure de terre, ce *Pito*, instrument bizarre dont la Providence s'é- tait servie pour le rapprocher d'une femme qui l'avait aimé et dont il n'avait pas compris l'amour.

Combien y a-t-il d'êtres ainsi réunis par le ha- sard ? Combien existe-t-il de ces unions de natu- res incompatibles qui se rapprochent, semble-t-il, pour se faire souffrir mutuellement et donner naissance aux sentiments les plus pénibles !

L'ESCORIAL.

L'ESCORIAL.

1

DON CORNELIO.

J'avais fait connaissance à Madrid avec un jeune peintre français, Alexandre Prevost, à qui l'avenir réserve un nom. La sympathie artistique n'avait pas tardé à nous unir. Couchers de soleil, levers de lune, groupes pittoresques, foules animées, tout était à nous deux. Ce qu'il voyait il le mettait sur son album, et moi je le gravais dans ma tête. Je ne sais ce que mon ami est devenu. Juif-Errant de la peinture, il est parti avec ses quatre sous pour l'Andalousie, l'Afrique, à la recherche du *bonhomme !* Que Dieu soit avec lui !

Toujours est-il qu'un jour nous étions ensemble au musée de Madrid ; Prevost copiait l'*Infant don Carlos*, de Velasquez, un beau petit gaillard, fièrement campé sur un poney alezan brûlé. Dans le fond du tableau, la plaine de Castille et les montagnes bleuâtres de la Sierra-Guadarrama étendent leurs lignes majestueuses. Ce jour-là était dans le mois d'août, et il faisait une de ces chaleurs terribles par lesquelles on n'ose pas respirer de crainte d'être en nage. Et cependant, ô Velasquez! c'est peut-être là ton plus beau triomphe : le poney de l'infant don Carlos nous donna envie de monter à cheval, de parcourir ces plaines jaunâtres si bien peintes, d'aller jusqu'à ces montagnes bleues qui semblent si fraîches sur la toile.

Voilà comment il se fait que le lendemain matin, à six heures, nous étions en selle, partant pour visiter le monastère de San-Lorenzo del Escorial, qui est à quelques douze lieues de Madrid, dans un contrefort de la Sierra-Guadarrama. Malheureusement nos chevaux, dont je ne veux cependant pas attaquer l'honorable caractère, n'avaient pas le même enthousiasme que nous, et si la première partie de notre course, faite sans que nous eussions trop à souffrir de la chaleur, fut assez agréable pour les pauvres bêtes, je ne me sens pas assez de courage pour dire la même chose de la seconde. Quand nous sortîmes de Madrid, il faisait assez frais, relativement. Les troupeaux de mulets bizarrement harnachés, les chariots à bœufs, les costumes pittoresques des muletiers et des bouviers étaient des motifs de dessins, et surtout d'arrêts. Nos chevaux se sentaient très-artistes sous ce dernier rapport. Ce grand jésuite de soleil nous semblait fort brave homme et il se contentait d'être magnifique. Les collines dénudées qui nous entouraient étaient d'un ton jaune assez satisfaisant ; et jusqu'à Rosas, le seul village que nous devions rencontrer, nous ne vîmes rien de particulier. Ah ! si. Quinze malheureux arbres exilés le long de la route. Un pauvre paysan les arrosait successivement. Un âne et un tonneau étaient là pour dire que l'eau venait de loin.

A Rosas, déjeuner des bêtes et des hommes ; départ, il était. dix heures du matin. La chaleur était devenue étouffante. Autour de nous le désert, pas un arbre, pas un homme. Nos chevaux voulaient à tout moment prendre le point de vue. Nous commençâmes par en rire ; puis Prevost le premier se fâcha. Il fit un discours en français à son cheval ; mais l'animal était espagnol. Nous nous engageâmes dans les montagnes, après avoir rencontré un cantonnier et son fusil, tous les deux couchés par terre. On ne peut se-faire une idée de la chaleur qui s'exhalait de ces couloirs de rochers jaunâtres, véritables paysages de Salvator Rosa, où quelque brigand eût fort convenablement tenu sa place, au point de vue de l'art bien entendu. Nous traversâmes un pont inoccupé sur une petite rivière qui, par une telle température, tirait une langue de sable. Nous montâmes une côte terrible ; nous étions muets ; nos chevaux nous regardaient, au fond, j'en suis sûr, comme de vils bourgeois. J'allumai un cigare avec une allumette qui prit feu d'elle-même, sans frottement je crois. Enfin, après bien des réflexions sur le Sahara en général et l'Espagne en particulier, nous parvînmes au sommet de la première montagne. O ciel ! ô bonheur ! une fontaine et un point de vue splendide : devant nous l'immense plaine de Castille, vingt-cinq ou trente lieues, une sorte de désert éclairé par un magnifique soleil ; à gauche et à droite des rochers superbes et un peu d'ombre près d'une grosse pierre. Nos chevaux trouvaient le paysage digne d'étude ; peut-être même n'avons-nous pas, selon eux, analysé assez longuement tous les détails de cette immense solitude, qui est restée pour moi comme une des plus belles révélations du soleil et de la lumière. Ai-je dit qu'il était midi ?

De cette halte jusqu'à l'entrée de la forêt des oliviers qui précède l'Escorial, nous ne trouvâmes qu'un homme dans une boîte en bois placée au bord de la route. Il nous offrit, moyennant rétribution, un verre d'eau... espagnol, c'est-à-dire un litre.

En route encore, avec les coups de fouets du soleil qui cingle le dos ! Nous ne tardâmes pas à apercevoir le dôme de l'Escorial, dont le zinc et les tuiles brillaient dans le lointain. Nous descendîmes une côte, et voici le point de vue que nous eûmes devant les yeux : au premier plan, une bande de deux ou trois lieues d'un vert gris et sombre tout à la fois, le vert des oliviers ; à gauche, à droite et partout des montagnes brunes ; en face de nous l'Escorial, diamant noir luisant entre les rochers qui le dominent.

A notre entrée dans le village de San-Lorenzo del Escorial, nous dérangeons un énorme lézard qui prenait le frais, avec soixante degrés de chaleur sur le dos.

Il était deux heures ; nous étions brûlés et couverts de poussière.

A l'hôtel, on nous demanda si nous voulions un guide pour visiter le monastère. Accepté.—C'est un aveugle, ajoute-t-on. — Un aveugle ! — Certes, oui : Don Cornelio, c'est lui qui mène ordinairement les étrangers... Après cela, si vous en désirez un autre. — Non, non. Un aveugle, c'est bien plus drôle !

Quelques instants après, don Cornelio arriva. C'est, j'espère, un petit vieillard vert et sec ; son costume est des plus simples : pantalon, gilet, veste, casquette noire ; son pied, fort bien fait, est très-élégamment chaussé. La tête de don Cornelio est un incroyable mélange de finesse et de bêtise. Cette bouche, toujours ouverte comme celle d'un idiot, ne s'ouvre pourtant qu'avec prudence, et les mots qui s'en échappent sont choisis. L'œil n'existe plus ; mais il semble que la figure voit. Cornelio a dans la main gauche une petite canne. Ne lui voyant pas de chien, nous nous figurâmes, avec notre aplomb tout français, que nous allions remplacer l'animal indispensable.

Il nous salua par ces mots :

— *Bonnerour, moussiour*. (Bonjour, messieurs).

Et nous partîmes sous sa direction. Il nous conduisit parfaitement à travers les places et les rues du village. Nous étions on ne peut plus étonnés. Nous fîmes la faute plusieurs fois de lui crier casse-cou. Notre observation fut très-mal reçue, et il nous prouva qu'il n'avait besoin de rien, pas même de son bâton, qu'il mit fièrement sous son bras.

Enfin, nous sommes devant ce grand rectangle uniforme, lourd, à teintes jaunes fauves, à toits gris ardoise que surplombent cinq ou six coupoles jaunes et grises. A l'Escorial tout est jaune gris, tout est d'une froideur, d'une régularité qui accable, d'une sévérité qui pèse, d'une richesse architecturale qui impressionne désagréablement. La façade principale n'est point du côté où l'on arrive. On n'aperçoit tout d'abord que la face gauche, cinquante ou soixante pieds en hauteur de murailles percées de petites fenêtres bordées de blanc, fenêtres de cellules ou de cabanons. Au reste, les quatre côtés, qui ont sept cent cinquante pieds chacun, sont à peu près semblables. Le portail d'entrée regarde les montagnes. La partie du monument qui fait face à la campagne a des fenêtres un peu plus larges, pour mieux voir, sans doute, les lugubres peupliers, les oliviers et le désert qui s'étend à perte de vue, paysage de cimetière et de désolation.

Ici don Cornelio devina la présence d'une chaîne qu'il enjamba merveilleusement, et, après avoir passé la moitié de la journée à l'air, à la lumière, au soleil, nous entrâmes dans le monastère, dans les tènèbres.

Voici l'acte de naissance de l'Escorial.

Philippe II, pendant le siége de Saint-Quentin (San-Quinetine, comme on dit en Espagne), se vit dans la cruelle nécessité de bombarder une église consacrée à saint Laurent. Le fils de Charles-Quint promit au bienheureux grillé, s'il s'emparait de la ville, d'élever en son honneur un temple magnifique. Il tint sa promesse, et, dans son humeur chagrine, le moine couronné choisit la sinistre position de l'Escorial. L'architecte fut Herrera. Que Dieu lui pardonne!

Le monument a, dit-on, la forme d'un gril. Somme toute, c'est une église comme le Panthéon, englobée dans d'immenses constructions qui renferment une douzaine de couvents, un palais pour le roi, un collége et des appartements suffisants pour une cour nombreuse. Tout cela est entassé, enchevêtré, embrouillé comme un écheveau de fil. Ni jour, ni air. Il n'y a pas de cours ; rien que des *patios*, tantôt ornés d'une petite fontaine, tantôt nus, sombres, verdis par les mousses de l'humidité. Tout cela est abandonné. Un grand tombeau oublié!

L'Escorial est un problème de mathématique et de géométrie résolu en granit. Des chiffres seuls peuvent le décrire ; c'est en dire assez la nullité artistique. Il y a des statues de dix-huit pieds de haut ; elles sont mauvaises. On les montre parce qu'elles sont faites d'un seul morceau. Dix mille portes et fenêtres éclairent et ouvrent le colosse, le Philippe II de pierre. Certaines murailles ont dix-huit pieds d'épaisseur. Et cependant tout est petit ; les chambres sont des cellules, les couloirs circulent sinistrement dans l'obscurité. On ne peut étendre le bras sans rencontrer la pierre glacée. Les portes sont de véritables oubliettes. C'est bien la demeure d'un roi-prêtre, dont le cabinet donnait sur la chapelle. Le cabinet et l'ameublement existent encore.

A force d'entrer et de sortir, de monter et de descendre, on se sent étourdi. On a la tête en feu ; on ne sait plus où l'on va ; on se heurterait à chaque pas ; on se briserait la tête contre un angle de pierre, si Cornelio n'était pas là.

— Prenez garde, *monsour ;* faites attention à votre tête. Ici M. Thiers s'est fait une bosse au front. Voici une marche. Regardez ce tableau ; le personnage de droite est un tel... etc.

Et jamais il n'y a d'erreur. Don Cornelio connaît les moindres particularités de la bête de pierre. Figurez-vous un aveugle comptant avec le toucher le nombre des poils d'un chat ou débrouillant un écheveau de fil. C'est prodigieux.

L'Escorial renferme quelques beaux tableaux, une magnifique *Cène* du Titien, de beaux Ribera, de beaux Navarette, un beau Vélasquez, un Christ en marbre de Benvenuto-Cellini, qui a de grandes qualités, mais n'est pas la merveille que l'on dit.

Philippe II, pressé de voir finir ce monument, le fit orner comme Louis-Philippe a depuis orné Versailles. Il y a dans l'église et dans quelques escaliers de grandes peintures à fresque, représentant on ne sait quoi. Elles sont de Lucas Jordano (Fapresto). Dans l'église, les autels bas sont placés dans des sortes d'alcôve de pierre qui les font ressembler à des cheminées. Les autres autels sont beaucoup plus grands. A certains jours, à certaines fêtes de l'année, les tableaux qui sont au-dessus de ces autels s'entr'ouvrent et laissent voir de sombres armoires où, sur des compartiments nombreux, reposent des douzaines de reliques. C'est sinistre. L'Escorial est un drame de la Porte-Saint-Martin dont les décors sont effrayants.

Don Cornelio, qui, sans fatigue, sans relâche, nous entraînait toujours, paraissait être un démon chargé de nous punir de notre manie de voyager, en nous faisant marcher sempiternellement. Sa figure muette nous épouvantait; sa bouche ouverte, qui semblait idiote deux heures avant, devenait horriblement moqueuse. Il nous conduisit voir les tombeaux des rois d'Espagne. On descend par un escalier de marbre à un caveau ténébreux, c'est une sorte de bibliothèque ronde où chaque cadavre est un rayon. Les femmes sont à gauche, les hommes à droite. Qu'il fait froid!

Nous étions harassés; il était près de six heures du soir, et depuis quatre heures nous marchions dans cette uniformité. Cloîtres, réfectoires, salles de jugements, appartements royaux, tombeaux, églises, reliques, couloirs, galeries, grilles de fer, portes de prison, tout se succédait pour nous dans une sorte de vision mystérieuse et fantastique. Nous ne connaissions plus le jour. A notre entrée dans le monument, nos yeux, habitués à ce fameux soleil qui cingle si bien, distinguaient à peine les objets qui nous entouraient. Mais au bout de quelques instants, nous aperçûmes ces suites ténébreuses de passages sombres, de salles où les pas résonnent comme des bruits infernaux. Nous commencions à vivre de la vie du monument, que nous animions involontairement de figures sinistres, de têtes de moines encapuchonnés et glissant silencieusement dans l'ombre. Nous entrevîmes enfin la véritable âme de l'Escorial, le blond et noir Philippe II, le moiné terrible qui sentit mourir entre ses mains l'empire de Charles-Quint, et vint s'enfermer dans le monastère glacé. L'inquisition se présenta à nous. Nous étions dans son palais.

Epuisés, nous nous assîmes sur les degrés d'un vaste escalier, près de l'étrange et impassible don Cornelio, qui prenait à nos yeux de singulières proportions. Avouons que nous avions froid et peur, et de cette peur terrible de l'inconnu, de ce qui est et de ce qui n'est pas.

— Y a-t-il longtemps que vous êtes aveugle? demanda Prevost à Cornelio.

— Il y a cinquante ans, répondit-il.

— Mais vous ne paraissez pas avoir plus de soixante ans.

—J'en ai soixante et quinze. En **1808**, j'étais soldat; c'était lors de l'invasion de Napoléon. Je fus blessé dans un combat où les Français triomphèrent. Ils étaient quatre contre un. Je pris la fuite aussi vite que ma blessure pouvait me le permettre; je gagnai la montagne; je marchai, je courus jusqu'à la nuit. La fatigue me prit, je tombai. Je ne sais si je dormis ou si je perdis connaissance, mais lorsque je revins à moi, le froid des montagnes m'avait saisi, j'avais perdu la vue pour toujours. Et mon métier était celui de tailleur! Mon retour à l'Escorial où j'habitais fut bien triste. Ma femme était bien jolie et je ne pouvais plus la voir. L'année suivante elle mourut en me laissant une fille qu'il me fallut élever, et qui depuis... Mais laissons cela. Les temps étaient très durs et mon travail insuffisant. C'est alors que je me fis le guide des voyageurs dans le monument de l'Escorial que je connaissais comme ma main.

— Comment aviez-vous pu prendre une connaissance assez exacte du monastère pour vous guider sans voir.

— Oh! oh! dit-il en souriant, être aveugle et

connaître le monastère sont choses héréditaires dans ma famille : un de mes aïeux était aveugle et tortionnaire sous Philippe II.

— Aveugle et tortionnaire ! Voilà de l'extraordinaire, m'écriai-je. Nous devinâmes l'existence de quelque histoire terrible que nous cherchâmes à savoir. Nous étions merveilleusement préparés.

— Don Cornelio, dis-je, voulez-vous un cigare?

— Non, je ne fume que la cigarette.

— Bien ; je vais vous en faire une.

— C'est inutile.

prit dans sa poche une blague à tabac et quelques feuilles de papier à cigarette. Il plia l'une d'elles, prit une certaine quantité de tabac qu'il massa dans le creux de sa main droite pendant que les doigts, l'index et le médium tenaient le papier. La main gauche remit la blague en poche, puis prit peu à peu le tabac, le mit dans le papier. Cette opération terminée, les deux mains roulèrent la cigarette qui se trouva faite aussi parfaitement par cet aveugle que par le plus clairvoyant. Don Cornelio tira alors de sa boîte une allumotte, la frotta contre le mur, vérifia du bout de ses doigts si elle était enflammée, attendit un instant, puis alluma sa cigarette et fuma tranquillement en gardant le silence.

— Ah ! ah ! fis-je, votre grand-oncle était tortionnaire.

— Quelle chaleur il fait, reprit Cornelio.

— Il a dû voir de bien terribles choses? fit Pre-

vost, sans avoir l'air de comprendre la réponse éva-
sive de l'aveugle.

— Oui, oui, dit-il en lâchant une bouffée de
tabac.

— Il s'est sans doute passé des événements
extraordinaires à l'Escorial, dis-je?

—Certes, oui. (Autre bouffée de tabac.) Tenez,
il y a eu dernièrement ici un événement curieux :
Un Anglais, qui voyageait, arrive à l'Escorial. Il
me fait appeler. Nous convenons que le lendemain matin je lui ferai visiter le monastère. Il me
donne son passe-port, me priant de le faire viser.
Une heure après, on me demanda à un autre hôtel.
C'était un second Anglais qui voulait visiter, lui
aussi. Je lui propose de se joindre à son compatriote. Il me refuse. Je veux lui montrer le passe-
port de l'autre en lui représentant qu'il le connaissait peut-être. Mon Anglais refuse, puis il me
donne aussi son passe-port pour le faire viser. —
Fort bien. — Le lendemain, je retourne chez mon
premier Anglais, et je lui raconte ce qui s'est passé
avec son compatriote. A quoi il me répond que si
l'autre eût voulu, c'est lui qui aurait refusé. Les
Anglais sont des gens à part. Je ne dis rien ; je
prends son passe-port dans ma poche et je le lui
rends. Quel est ce passe-port? s'écrie-t-il. — C'est
le vôtre. — Non. C'est celui de mon frère. Comment est-il entre vos mains? — Sainte Vierge! je
me suis trompé, répondis-je, c'est le passe-port
de votre compatriote. — Quel hasard! reprit l'An-

glais ; je cherche mon frère, depuis cinq ans, dans toutes les parties du monde, et je le rencontre ici... Faites-moi donner de l'eau chaude pour me raser, et j'irai trouver mon frère.

— Et votre aïeul ? dis-je à don Cornelio, revenant à mes moutons.

— Oui, c'est vrai ; tenez, je voulais raconter une historiette à M. *Alesandro Doumasse* quand il est venu ici ; mais il est parti sans que j'aie pu lui parler. Il était bien laid.

— Votre aïeul

— Non, *Doumasse*. Ce n'est pas comme *Gotière*, il était très-beau.

— Théophile Gautier ? Mais comment savez-vous qu'il était bien ?

— Toutes les femmes le disaient. Il ne ressemblait pas à M. Thiers.

— Vous connaissez M. Thiers ?

— Oui, il est venu ici. On dit que c'est un grand ministre en France, mais c'était un bien petit homme ici. Il s'est donné un coup à la tête en montant l'escalier de l'église.

— C'est assez bizarre, M. Thiers dans le palais où régnait Antonio Perez. Votre aïeul a dû connaître Antonio Perez ?

— Maudit soit-il, ainsi que son maître !

— Et pourquoi ? repris-je, enchanté d'avoir remis la conversation sur ce terrain.

— Ecrirez-vous ce que je vais vous dire ?

— C'est possible.

— Eh bien, venez avec moi. Vous êtes si curieux que je ne veux pas vous faire souffrir longtemps. C'est toute une histoire bizarre ; il faut que je vous montre tous les endroits où elle s'est passée.

Nous recommençâmes notre voyage dans ces corridors, ces escaliers, ces cours, ces vastes salles, ces cellules étroites, ces tours, ces galeries qui composent le monastère.

Don Cornelio nous conduisit dans une grande salle voisine de la chapelle, et située dans l'aile droite du monastère.

— C'est ici l'antichambre du cabinet oratoire de Philippe II, dit-il. Entrons dans son cabinet.

C'est un rectangle de quinze ou vingts pieds. En face de la porte d'entrée est un grand panneau en acajou. Ce panneau, qui sert aussi de porte, est percé de quelques lucarnes permettant de voir l'intérieur de l'église où resplendissent les tombeaux en cuivre de Charles-Quint, de son père et de sa mère. Le long de la muraille gauche du cabinet, un grand corps de bibliothèque d'une simplicité barbare, domine un bureau composé de quatre planches mal unies. Devant ce bureau sont trois siéges : un fauteuil et deux tabourets de cuir verdâtre retenus par des clous de cuivre. Sur l'un des tabourets, Philippe II étendait sa jambe perdue par la goutte ; sur l'autre, Antonio Perez s'asseyait pour entendre les ordres de son maître.

— Vous le voyez, nous dit don Cornelio, chaque chose est encore à sa place. Voici même le porte-

6

feuille où Philippe II renfermait ses papiers secrets. Vous connaissez la caverne du lion, mais venez avec moi vous ferez connaissance avec le lion lui-même.

Nous allâmes dans les appartements réservés de la reine.

Regardez, nous dit notre guide. Voici le portrait de Philippe II.

J'avais vu à Madrid un portrait-buste de Philippe II, jeune, peint par Pantoja. J'avais parfaitement souvenir de cette tête haute, de ce front rond coiffé d'un chapeau de feutre noir et haut de forme. Ce qui m'avait frappé surtout c'était la couleur blonde des cheveux et de la barbe. Je n'avais pas oublié non plus ce nez rond, relevé du bout et laissant voir de larges narines, ces deux lèvres rapprochées et pincées : l'une, la lèvre inférieure un peu avancée, rappelait Charles-Quint. Les yeux étaient bleus et incertains. Tout sur cette physionomie respirait la froideur, la finesse, la fausseté. Un autre portrait, celui-là du Titien, était également présent à ma mémoire. Dans le tableau de Pantoja, Philippe II monte sur le trône ; dans celui du Titien, il gouverne. Il est debout, armé de pied en cape, mais la tête déjà n'est plus la même. Elle est plus altière que jamais et cependant des rides profondes se sont creusées, Philippe II n'est plus sûr de l'avenir. La monarchie universelle pourrait lui échapper. Encore quelques années et *l'armada* sera détruite, et

Henri IV régnera sur la France. Cependant Philippe est encore blond, il lutte. Le troisième tableau, celui que nous montrait don Cornelio, est d'un auteur inconnu ; il représente Philippe II dans les dernières années de sa vie. La tête seule se voit et cependant sa position indique que le corps qui la porte est voûté, brisé. La barbe et les cheveux coupés ras sont devenus gris, le nez s'est allongé, l'œil n'est plus bleu il est gris et caché sous un sourcil épais, il annonce par sa fixité et par son éclat toutes les rêveries d'un halluciné ; la figure est sillonnée par de profondes rides ; la peau, qui n'a plus la transparence de la jeunesse, est jaune. Est-ce la maladie ou bien l'ascétisme qui l'a rendue ainsi ? On sent je ne sais quelle ressemblance avec Charles-Quint ; Charles-Quint s'il eût vécu encore un siècle, et s'il eût passé ce siècle dans un couvent. Il y a tout dans cette tête. Il y a la perte de l'empire européen, il y a le vol d'une maîtresse, il y a la désillusion du ciel, et il y a aussi le despotisme suprême, la vengeance qui peut tout.

— Voilà quel était le maître de mon aïeul, s'écria don Cornelio.

Nous ne pensions plus à don Cornelio. Le portrait de Philippe II nous absorbait. Nous repassions en nous-mêmes la longue histoire du sombre roi d'Espagne. Il crut hériter de l'empire du monde, et n'eut à combattre que des révoltes étouffées dans le sang. Catholique, il lutta toute sa vie contre les

protestants sans pouvoir les détruire. La France
lui échappa. Il lança l'armada contre la protestante
Angleterre, et la tempête, Dieu pour lui, dispersa
sa flotte. Il ne vit pas mourir Henri IV de France.
Il aima la princesse d'Eboli, et sa maîtresse le
trompa pour son ministre Antonio Perez. Drame
terrible qui n'a pas encore été raconté. Pauvre désabusé! Pauvre martyr de l'orgueil qui n'eut toutes
les grandeurs que pour les perdre une à une! Mais
comme il lutta, comme il se raidit contre cette fatalité qui l'emportait. Il n'eut peur de rien. Sacrifices d'argent, massacres, auto-da-fé, supplices sans
nombre, assassins soudoyés, il mit tout en œuvre,
Et il ne réussit pas. Grande leçon donnée aux criminels de tout rang.

Nous étions dans sa chambre à coucher, dont les
fenêtres donnent sur la campagne. Quel triste
spectacle. A ses pieds quelques peupliers, des
sycomores, des buis gigantesques, toute la flore
des cimetières; puis une forêt de sombres oliviers
et la plaine de Madrid, le désert. Quelle désillusion
pour celui qui croyait régner sur le monde et qui
sentait l'impuissance de son œuvre.

— Maintenant, écoutez-moi, dit Cornelio.

Nous nous assîmes dans l'antichambre du cabinet de Philippe II.

— Mon aïeul, du nom d'Ignacio, était pur Castillan; mais il n'avait pas de fortune et fut obligé
de s'attacher à la personne d'un grand seigneur,
habitant de Madrid. Mon aïeul avait reçu de l'édu

cation, il savait le latin et servait de secrétaire à ce gentilhomme. Il fit connaissance, je ne sais où, d'une jeune fille qui était camériste de la princesse d'Eboli. Cette jeune fille conta ses amours à sa maîtresse, qui en la mariant prit mon aïeul à son service. Ignacio resta dix ans auprès de la princesse d'Eboli, et ne la quitta que sur son ordre. Elle le donna à Philippe II, qui avait été à même d'apprécier son intelligence et en fit un des huissiers de la chambre. Tout alla fort bien jusqu'au jour où le roi connut la liaison d'Antonio Perez et de la princesse d'Eboli. Son caractère jusque-là sombre, mais uniforme, devint effrayant. Une sauvage défiance s'empara de l'âme de Philippe. Une exaltation terrible et intérieure se trahissait au dehors par des manies cruelles et fantasques. Toute chose lui rappelant les femmes, et dans les femmes celle qu'il avait aimée, lui devint insupportable. Il ne voulut plus voir que des prêtres. Il ordonna à tous les gens de sa maison d'entrer dans les ordres et de jurer qu'ils n'approcheraient jamais d'une femme. Refuser, c'eût été se condamner à des supplices terribles. Mon aïeul fut forcé de se séparer de son épouse et de son fils qui l'adorait. Pendant deux ans il ne put sortir du monastère de l'Escorial et resta constamment auprès de Philippe. Heureusement que ce dernier ne voulut pas se souvenir qu'Ignacio lui avait été donné par la princesse. Sans cela il lui eût fait couper la tête au moins. Je dis au moins, car c'était

6.

un bonheur, à cette époque, que de ne pas souffrir davantage pour mourir.

Le roi vivait comme un moine. A l'exception de quelques heures consacrées à l'expédition des affaires, il restait seul enfermé dans son cabinet, écrivant beaucoup. Il passait, disait-on, ses nuits à prier et à implorer la sainte Vierge. Voici de quelle manière mon aïeul apprit à ses dépens comment Philippe II faisait ses dévotions.

Don Cornelio se recueillit quelques instants.

Un soir, c'était en 1592. Philippe appela mon père. Le roi était à son bureau, il écrivait. Une petite lampe à mèche fumeuse éclairait seulement la table. La lumière passant par-dessus cette tête pâle que vous avez vue là-haut, allait frapper un grand tableau représentant la sainte Vierge. Elle laissait une moitié de la chambre dans une ombre épaisse. Ce tableau, dont il faut vous parler, était placé au niveau du sol. La sainte Vierge était de grandeur naturelle. Il me serait impossible de vous dire le nom du peintre, car personne ne le savait. Toujours est-il que la mère de Dieu était de la plus grande beauté, et mon aïeul, qui a raconté cette histoire à son lit de mort, ajoutait qu'il n'avait jamais vu une tête si remplie d'amour, de beauté, de jeunesse. Ce contraste violent qui existait entre ce tableau si éclatant de couleur et le visage pâle et jaune de Philippe II, impressionna mon parent. Le roi leva lentement vers lui ses yeux fixes.

— Ignacio, dit-il, j'ai à te remettre une lettre pour le duc d'Albe. Attends ici.

Mon aïeul se retira dans le coin obscur du cabinet, derrière le panneau de la bibliothèque que voici.

Philippe II allait continuer à écrire lorsque les premiers coups de l'Angélus retentirent au-dessus de sa tête, dans les tours. Le roi se leva. Il allait sortir de son cabinet et entrer dans l'église lorsqu'il se retourna et pressa un ressort dans la muraille. Un panneau de bois glissa et vint recouvrir le tableau.

— Attends-moi, dit Philippe, qui sembla mécontent que Ignacio eût vu le tableau.

Mon aïeul suivit de l'œil Philippe II, qui alla en boîtant s'agenouiller sur le marbre de l'église. Le roi portait ce jour-là, comme d'habitude, un pourpoint de velours noir, et par-dessus un grand manteau également de velours noir. Un tricot de laine enveloppait sa jambe goutteuse. La tête était nue.

Philippe marmottait des prières en latin. Sa bouche s'entr'ouvrait parfois pour laisser passer un soupir, et l'on apercevait alors une rangée de dents blanches et pointues. L'orgue pleurait sous les voûtes grises. Les chants sinistres des moines retentissaient lugubrement. Les cloches tintaient. Quelques cierges brûlaient seuls. Puis les chants cessèrent, on entendit les moines se retirer peu à peu. Ignacio vit Philippe non plus agenouillé mais accroupi ; sa tête était retombée lourdement sur sa poitrine. Il semblait absorbé dans une méditation terrible.

Mon pauvre parent, quelque habitué qu'il fût à de pareilles scènes, ne pouvait se garder d'une profonde émotion. Ne se trouvait-il pas seul, devant les expressions extérieures des sentiments intimes de Philippe II, le fils de Charles-Quint, le maître du monde, celui devant qui la moitié de l'Europe tremblait. Il voulait partir et ses jambes lui refusaient tout service. Au reste, l'ordre du roi était formel : attendre. Ignacio attendit, sans bouger. Son noir costume de moine le faisait disparaître aux yeux, et il était invisible dans le coin de la salle.

Au bout d'environ trois quarts d'heure le roi se leva. Il se dirigea vers son cabinet où il entra, referma la porte sur lui, assura les verroux, laissa retomber les morceaux d'étoffes qui couvraient les vitrines donnant vue sur l'église, alla fermer de même aux verroux la porte qui donnait sur la salle voisine. Ses yeux brillaient d'un singulier éclat. Sa tête s'agitait doucement, ses lèvres frottaient l'une contre l'autre. La douleur que la marche causait à sa jambe se trahissait par des mouvements nerveux qui contractaient sa physionomie empreinte d'une sorte de gaieté mystérieuse. Mon pauvre Ignacio tremblait de tous ses membres. Evidemment le roi l'oubliait, mais qu'allait-il se passer ? Parler eût été dangereux ! Ignacio ne bougea pas plus qu'une statue. Philippe II pressa de nouveau le ressort de la boiserie, le panneau glissa et la sainte Vierge apparut plus belle que jamais. Le roi tourna son fauteuil vers le tableau et s'assit.

Il resta longtemps absorbé dans une muette contemplation, dans une immobilité absolue. Ignacio ne le perdait pas de vue. La figure du roi était parfaitement éclairée, et Ignacio le voyait d'autant mieux qu'il était placé lui-même dans l'obscurité.

A force d'étudier cette physionomie, Ignacio remarqua dans l'œil de Philippe une expression différente de celle qu'il avait ordinairement. Ce n'était plus cette sécheresse qui glaçait d'épouvante, cette fixité effrayante. Non. Il y avait comme une sorte de douceur, de complaisance, de plaisir dans ce regard. L'attention d'un homme portée sur un seul point et à certains moments acquiert les forces d'un microscope, aperçoit ce qui n'est pas visible, trouve des oscillations, des mouvements là où auparavant il ne voyait qu'immobilité. C'est une sorte de vision magnétique, mystérieuse, qui vous entraîne et ne vous laisse plus maître de vous. Ignacio surprenait des mouvements sensibles dans l'œil de Philippe II. Il voyait le regard onduler, pour ainsi dire, errer méthodiquement sur la toile, puis suivre lentement les contours du corps de la Vierge, se promener successivement sur les différentes parties du visage magnifique de la divine beauté. La figure du roi s'animait d'une étrange façon. Ses narines se dilataient; sa bouche s'agitait convulsivement; les mains imitèrent la tête: elles remuèrent; les doigts s'écartèrent, se raidirent; des tremblements nerveux passaient le long des bras, et l'œil semblait toujours fixe mais d'une fixité inexprimable; il paraissait vouloir sortir de la tête, s'avancer, aller au tableau et la tête le suivait. De renversée sur le fauteuil qu'elle était il y a quelques minutes, elle s'était soulevée peu à peu. Elle resta d'abord droite sur le reste du corps, puis se dressa peu à peu. L'expression de joie peinte sur l'ensemble de la physionomie de Philippe II avait fait place à une sorte d'ardeur mystique. L'œil n'était plus gris, il avait des reflets bleuâtres; les pommettes des joues se tintèrent de sang. La bouche s'ouvrit: une langue large, épaisse, chargée de sang, passa lentement sans les mouiller sur les lèvres desséchées du vrai roi de toutes les Espagnes.

Une sueur froide glaça tout le corps d'Ignacio. Il se recula vers le mur dans lequel il serait volontiers disparu lorsqu'il vit son maître se soulever à l'aide de ses mains décharnées qui s'appuyèrent sur les bras du bois du fauteuil que voici. Il contempla le reste de la scène à genoux, car il ne pouvait plus rester debout.

Le roi s'était levé et s'était approché du tableau. La Vierge se trouvait être à sa hauteur; mais pour Ignacio comme pour Philippe II, ce n'était plus une peinture, c'était une sorte de rêve animé. C'était une femme bien vivante, c'était une chair superbe et palpitante vers laquelle le roi étendit ses lèvres immondes. Il était comme fou. Il couvrit de caresses les rêves que son imagination animait, et à chacune de ces caresses il poussait des hurlements terribles. Il dansait, trépignait, s'agitait furieusement comme s'il eût étreint son rêve. La lampe éclairait à peine cet horrible accouplement. Ô infamie du mysticisme !...

Philippe II roula à terre et se tordit pendant quelques instants. Ignacio récitait des prières.

Au bout d'un quart d'heure Ignacio voyant que le roi ne donnait pas signe de vie, se décida à approcher de lui. Il se baissa pour le prendre et le relever : il pensa mourir d'effroi en voyant l'œil fixe de Philippe II qui lui lança un regard perçant.

Ignacio tremblait ; mais quel ne fut pas son étonnement : le roi s'était relevé et s'approchait humblement de lui.

— Je t'avais oublié, dit Philippe II à voix basse ; puis d'un ton plus doux : Tu es prêtre, donne-moi l'absolution ou tu es mort, ajouta-t-il d'une voix stridente.

Ignacio lui donna l'absolution.

Philippe II, redevenu calme et impassible, se mit à son bureau, écrivit quelques mots sur un papier, puis s'adressant à Ignacio.

— Tu vas aller remettre ceci à l'inquisiteur de

ma maison : c'est un ordre de te crever les yeux.
Après ce que tu as vu cette nuit, ils ne pourraient
plus t'enseigner quoi que ce soit d'intéressant. Je
t'attache plus que jamais à ma personne, et songe
que si tu parles j'inventerai pour ta langue et pour
toi des supplices inconnus. Si tu te tais, tu seras
récompensé.

Une heure après, Ignacio avait perdu la vue.

Je laisse à penser l'impression que produisit sur
nous cette terrible histoire.

— Et que devint Ignacio? demanda Prevost à
don Cornelio.

— Il vécut dans l'Escorial, et mourut dix ans
après Philippe II.

Nous jetâmes un dernier coup d'œil sur le théâtre de cette scène extraordinaire. Le bureau, le
fauteuil, la porte de bois à vitraux donnant sur
l'église sont encore là. Je cherchai trace d'un panneau dans la boiserie de gauche, mais je ne trouvai que la place du ressort.

Don Cornelio nous quitta. Il était triste, le pauvre
homme. Comme la nuit était venue, nous vou-
lûmes le reconduire mais il n'y consentit pas.

Nous nous élançâmes à sa poursuite et l'invi-
tâmes à dîner.

II

EL REY FELIPE SECUNDO.

Après le repas, pendant lequel Cornelio nous parla des tristes souvenirs aissés par les Français à l'Escorial, nous allâmes nous asseoir sur la place du portail du monastère. La nuit était magnifique. Un clair de lune splendide découpait pittoresquement les ombres projetées par le sombre couvent. A peine apercevait-on quelques rares amoureux errant le long des bâtiments qui garnissent la place et dans lesquels jadis logeaient les principales administrations du royaume.

— Vous ne vous faites pas idée de la grandeur de toutes ces bâtisses, ajouta don Cornelio. Dans mon métier de tailleur, je crois n'avoir pas donné autant de coups d'aiguilles qu'il pourrait loger d'hommes dans l'Escorial et dans ses dépendances.

Quelle que fût notre méfiance des exagérations de la langue espagnole, les paroles de don Cornelio nous semblèrent mériter notre approbation. En effet, faisant face au monastère et se prolongeant sur le côté droit, s'étendent d'immenses bâtiments

qui recevaient les écuries, la valetaille, les troupes, les administrations inséparables de la cour.
Le village de l'Escorial comptait alors vingt-cinq
ou trente mille habitants. A une époque où le roi
était tout, où la nation espagnole n'existait pas, la
cour était la véritable capitale du royaume.

Mon ami Prevost, qui a ce grand mérite ou ce
grand défaut de tenir à ses idées, demanda à don
Cornelio s'il voulait avant son départ lui permettre
de faire son portrait. Ce portrait, je l'ai encore.
Don Cornelio accepta par conséquent, et sa vanité
fut flattée : c'était ce que désirait Prevost. Il voulait faire parler don Cornelio. Bien évidemment le
bonhomme devait avoir dans sa tête quelque souvenir de famille analogue à celui dont il nous avait
déjà fait part, et, quoi qu'il ne se montrât pas très-
bavard, nous pouvions espérer passer une bonne
soirée bien romantique.

— Don Cornelio, dis-je franchement à notre
guide aveugle, vous nous avez bien raconté comment votre aïeul Ignacio était devenu aveugle,
mais la première fois qu'il a été question de lui,
n'avez-vous pas ajouté qu'il avait été tortionnaire.

— Oui, dit Cornelio.

— Ne savez-vous donc rien de plus précis sur
son dernier métier?

— Pensez-vous qu'Ignacio ait écrit des mémoires
et que je les sache par cœur.

Décidément Cornelio n'était pas aimable. Il reprit après quelques instants de silence :

— Il doit faire une belle nuit. Vous êtes heureux, vous autres qui avez vos yeux. Une belle nuit, une nuit d'amour.

Je ne sais pourquoi ce mot nous fit sourire, l'amour, en présence de toutes ces casernes de moines, de ces palais ténébreux où ne gouvernait qu'une seule passion, l'ambition!

— Vous riez, nous dit Cornelio, et cependant vous ne savez pas tout ce qu'il y a eu d'amours étouffés entre ces pierres, que d'affections brisées...

— Cornelio, souvenez-vous de votre aïeul! s'écria Prevost.

— Et qui vous dit que je l'oublie. Venez, nous dit Cornelio : nous sommes mal ici. Le monastère est devant vos yeux et dans votre tête. Il faut changer d'idées. Nous reviendrons tout à l'heure. A minuit, la lune sera plus basse dans le ciel, les ombres seront plus effrayantes; le coup d'œil sera plus curieux. Les peintres aiment cela.

Nous nous levâmes. L'aveugle nous fit traverser la place. Nous entrâmes dans un des grands bâtiments qui servaient d'écurie. Après un quart d'heure de marche dans des couloirs obscurs, nous arrivâmes dans une grande cour pouvant contenir deux ou trois régiments de cavalerie. Solitude complète. Au milieu de la cour, qui est entourée de gracieuses galeries couvertes, une fontaine bruit agréablement. Nous nous assîmes sur un banc de pierre et nous écoutâmes ce qui suit :

— Si vous connaissez votre histoire du règne de Philippe II, vous savez qu'un malheureux bourgeois de Madrid, Escovedo, eut connaissance des relations de la princesse d'Eboli dont je vous ai parlé avec Antonio Perez. Ce ministre craignant qu'Escovedo allât raconter au roi ce qui se passait, le fit assassiner. Ses biens furent confisqués. L'épouse d'Escovedo survécut peu à son mari, et de cette famille il ne resta plus qu'un petit garçon, don Carlos Escovedo, à qui Dieu prêta vie. Hélas! le pauvre enfant ne devait pas être plus heureux que son père et sa mère.

En 1598, don Carlos était un fort beau jeune homme de vingt-quatre ans, un cavalier accompli auquel il ne manquait qu'une fortune et un titre pour être l'idéal du mari rêvé par une mère pour sa fille. Il était grand et bien fait; sa figure était pleine d'expression. Son naturel était doux et tranquille. Il n'allait pas la moustache au vent courir les aventures. On lui reprochait d'être un peu rêveur, mais il n'en était que plus séduisant.

Ses costumes généralement noirs étaient simples et modestes. Ils faisaient honneur à doña Serafina Arriaga, la tante de Carlos, qui s'était chargée de l'éducation et de l'entretien de son neveu.

Grâce à la vieille dame, le jeune homme avait reçu une bonne et solide éducation. Elle destinait son neveu à l'état ecclésiastique, mais don Carlos manifesta dès son enfance la plus grande antipathie pour cette carrière et désira entrer dans l'administration des gabelles. Il était un peu poëte et aimait mieux moins de gloire et moins d'argent pour avoir plus de temps et pouvoir se livrer à ses études favorites. Il peignait un peu et chantait assez bien.

Il habitait à Madrid, calle de Toledo, avec sa tante, une très-humble et très-petite maison où ces deux êtres menaient la vie la plus douce et la plus tranquille qu'il fût possible d'imaginer. La vieille tante touchait à sa soixante et douzième année. Elle ne sortait plus de chez elle que pour aller à l'église. Je dois à la vérité de déclarer qu'elle était horrible à voir. Son béguin noir dissimulait mal quelques cheveux gris rejetés en arrière; sa peau toute ridée, toute jaune, semblait un vieux parchemin. Des mains dont la peau ne recouvrait plus que des os, s'attachaient par des poignets étroits à des bras plus maigres que ceux d'un squelette. Toute sa personne, au reste, semblait être en amadou ; et n'étaient ses deux yeux noirs encore vifs, on l'eût prise pour une morte. En revanche, elle était d'une rare bonté, d'une piété éclairée. Carlos l'aimait comme un fils aime sa mère. N'avait-elle pas été une mère pour lui : elle avait subvenu à tous ses besoins et plus encore; elle lui avait donné cette bonne affection sans laquelle tout naturel devient mauvais. La pauvre femme s'était imposé bien des sacrifices, avait réalisé bien des économies sur ce qui lui était nécessaire à elle-même pour que son petit-neveu fût élevé comme un gentilhomme.

Puis l'âge était venu. Heureusement à ce moment Carlos put à son tour venir en aide à sa tante.

Il s'était établi avec elle dans une petite maison composée de cinq ou six pièces réparties entre deux étages. Carlos habitait au rez-de-chaussée ; doña Serafina au premier. Une vieille bonne soignait le ménage. En Espagne, de tout temps les mobiliers ont été modestes : quelques nattes en guise de tapis, un grand fauteuil d'osier pour la pauvre vieille femme, un crucifix noir sur un mur blanc peint à la chaux, une lampe de cuivre à trois becs, un bahut de chêne, c'était à peu près là tout le mobilier de la chambre de doña Serafina à qui Carlos avait, par une attention délicate, laissé l'illusion de croire qu'elle seule, comme autrefois, réparait ses vêtements, accomplissait ses prodiges de reprises et de raccommodages qui font la joie et la gloire des vieilles gens. Le soir, après souper, quand les portes étaient bien cadenassées, bien verrouillées, Carlos faisait quelque lecture pieuse et endormait sa tante, l'embrassait et partait.

Beau et bien fait comme l'était Carlos, il ne pouvait manquer d'être aimé, et quand on a le cœur chaud et qu'on est aimé, il est difficile de ne pas aimer. Carlos aimait donc ; mais il aimait à la folie une jeune fille jolie comme tous les anges du paradis, une véritable perle d'Andalousie, qui avait tout sacrifié à son Carlos.

Doña Maria Luz était la seconde fille d'une riche

veuve et marchande d'étoffes de la calle Mayor.
C'était une brune avec une peau légèrement colo-
rée; elle avait des yeux fendus en amande et des
cheveux qui traînaient à terre. C'était la jeune
fille la plus gaie, la plus rieuse qu'il fût possible
de souhaiter. La répartie la plus vive se balançait
toujours sur ses rouges lèvres, et tant pis pour
celui ou celle qui lui déplaisait, car lorsqu'elle le
voulait doña Maria était méchante. Nature facilement impressionnable, n'écoutant que son sentiment, violente parfois, elle avait été séduite par le
caractère mélancolique de don Carlos; elle était
devenue éperdument amoureuse de l'esprit un
peu dédaigneux, mais au fond si bon, si dévoué,
du jeune Escovedo. Elle l'aimait d'autant plus que
peu de jeunes gens lui faisaient la cour. Elle ne
devait pas avoir de fortune. Sa sœur aînée, qui
héritait des biens de la mère, attirait au contraire
tous les hommages; aussi Carlos rencontrait-il
peu de rivaux, lorsqu'en quittant sa tante il allait
le soir se suspendre au balcon de la belle et passer la nuit à deviser d'amour en lui baisant les
mains, ce qui était une fort agréable occupation,
car doña Maria les avait très-jolies. D'ordinaire,
ces amours-là, autrefois comme aujourd'hui, en
Espagne, ne tiraient pas à conséquence. Une
bonne grille empêchait l'amour de donner plus
que des promesses, et les parents dormaient pai-
siblement pendant que les demoiselles veillaient.
L'amour derrière les grilles disparaissait au bout

de six mois, quand le *novio* avait épuisé son répertoire de poésie et de guitare. Mais il n'en fut pas de même de Maria et de Carlos qui s'aimaient plus sérieusement. Ils avaient à peu près la même fortune, c'est-à-dire presque rien. L'avenir ne pouvait leur offrir rien de mieux que l'amour, et ils le rencontraient au moment désiré. Doña Maria, impatiente d'être toute heureuse, oublia sa position, et, avec une insouciance bien imprudente s'il se fût agi d'un autre homme que l'honnête Carlos, elle se donna à son amant. Une nuit Carlos s'introduisit chez elle, et l'on parla d'amour bouche contre bouche.

Naturellement, Carlos avait promis à doña Maria de l'épouser; mais ce qui était plus grave, c'est qu'il s'était juré à lui-même de le faire. Dans cette nuit suprême, les deux amoureux avaient arrangé leur vie. Le mariage conclu, Maria allait vivre avec Carlos chez sa tante, qu'elle aimait sans la connaître. Les appointements de Carlos suffisaient à une vie modeste, que l'on passerait en s'aimant et en aidant la vieille femme à mourir. Le mariage devait être contracté aussitôt que doña Serafina aurait donné son consentement, et peut-être doña Maria avait-elle agi habilement, sans le savoir du reste, en mettant Carlos dans la nécessité d'obtenir cette approbation.

Malheureusement doña Serafina aimait trop son neveu, car elle était ambitieuse pour lui. Bien des fois en sa tête branlante avaient passé des idées de grandeur, de fortune, de hautes positions dans l'État. Elle avait vu à regret Carlos repousser l'état ecclésiastique, qui devait le faire parvenir à tout ce qu'elle désirait. Elle ne s'était pas désespérée cependant, et chaque soir elle adressait à *Nuestra Senora de la Merced* (Notre-Dame de la Merci), dont la chapelle est à Madrid, de nombreuses prières à ce sujet. Alors elle voyait en songe son neveu à cheval, vêtu somptueusement, orné surtout de dentelle (les Flandres, alors à l'Espagne, avaient mis les toiles et les dentelles à la mode), caracolant superbement aux cris de : Viva Carlos ! viva Carlos ! C'était surtout un magnifique mariage que la pauvre dame souhaitait, et lorsque son neveu rentrait le soir, elle lui demandait si quelque noble dame ne l'avait pas remarqué, ce qui faisait rougir l'amoureux jeune homme, on ne peut plus embarrassé pour exposer sa position à sa tante, et lui faire accepter, sans souffrance pour elle, la détermination qu'il avait prise.

Un soir cependant il prit son courage à deux mains et lui fit part de ses projets, d'abord comme étant une simple hypothèse, puis peu à peu lui montrant la réalité et lui racontant tout, hormis le fait qui l'engageait indissolublement.

— Jésus Maria ! s'écria doña Serafina ; mais, mon cher neveu, cela n'est pas possible ; ton bonheur n'est pas là. C'est à si peu de choses que tu bornes ton ambition. Mais tu ne veux donc pas m'honorer, moi qui t'aime tant.

— Mais, ma tante, elle est si belle, et j'ai promis.

— Promesses d'amoureux ne sont jamais tenues. Carlos! Carlos! je t'en prie, songe à ton avenir. Au moment où la fortune va peut-être changer pour nous, te perdre?

— Elle est si belle; puis, chère tante, je l'aime. Vous me parlez des grandeurs ; mais notre famille n'a pas été heureuse lorsqu'elle a touché au pouvoir. Est-ce que nous ne sommes pas fort heureux ainsi? Rien ne manquera à notre bonheur, lorsqu'une femme, vous aimant et m'aimant, prendra soin de vous depuis le matin jusqu'au soir.

— Cher enfant, tu trouves donc que je n'ai point assez soin de toi. T'ai-je refusé rien de ce qui pouvait te faire plaisir? Je suis trop vieille, n'est-ce pas? Une autre ne t'aimera pas plus que moi, ne pensera pas plus à toi que je ne le fais. Tiens, en ce moment, je sais que tu as envie d'un cheval ; encore deux mois d'économies, et tu l'auras. Laisse-moi croire qu'un brillant avenir t'attend, que tu seras... tout ce que tu voudras.

Les yeux de la pauvre vieille brillaient d'un grand éclat.

— Chère tante, ma gloire, ma richesse, mon honneur, ce sera doña Maria. J'aimerais mieux la mort que ne pouvoir pas l'épouser. Au reste, le ministre hier me complimentait, et...

Trois violents coups de marteau retentirent lourdement à la porte de la rue. Doña Serafina sauta trois fois sur son fauteuil d'osier qui cria piteusement. La vieille servante descendit avec une lampe. Elle ouvrit le judas et aperçut quatre cavaliers éclairés par une torche.

— Qui va là ? dit-elle.

— El señor don Carlos Escovedo est-il là ?

— Me voici, dit Carlos. Que vous faut-il ?

Un des cavaliers fit passer une lettre. Carlos, après avoir lu ce papier qui portait le sceau de la maison de Philippe II, remonta précipitamment auprès de sa tante.

— Le roi me demande à l'Escorial.

— Juste ciel ! La sainte Vierge m'a exaucée, s'écria la bonne femme avec une expression de joie.

— Eh bien, chère tante, demandez-lui mon prompt retour.

— Très-sainte Vierge, ils le feront prêtre, marmotta la vieille bonne.

Carlos partit avec les quatre cavaliers qui avaient amené un cheval pour lui.

Doña Serafina était à moitié folle de joie ; elle passa une heure à expliquer à sa vieille compagne comment Carlos allait être nommé premier ministre.

Voici ce qui s'était passé.

Deux ou trois jours auparavant, Philippe II, en parcourant la liste des employés aux gabelles, avait aperçu le nom d'Escovedo. Quand sur sa demande on lui eut appris que le fils de celui qui avait été assassiné pour lui était un beau et intelligent jeune homme, il passa par la tête du vieillard une idée de dangereuse protection. A cet âge toute idée devient une manie. Il fit prendre des renseignements sur Escovedo, et deux jours après le faisait appeler.

Carlos, qui connaissait de réputation les habitudes et le caractère de Philippe II, était fort effrayé lorsqu'il comparut devant le monarque, et cependant c'était là un honneur que bien des nobles illustres attendaient dans l'antichambre.

— Don Carlos, dit Philippe d'une voix mielleuse, j'avais oublié que ton père était mort pour moi. Je m'en souviens maintenant. Tu me plais, et me plaire à moi c'est plaire à Dieu. Je t'attache à ma personne parce que tu te dévoueras à notre Seigneur. Quitte Madrid, comte d'Escovedo. Viens ici. Au pied des autels, Dieu saura te récompenser. Je te prends à mon service et laisse-moi faire.

Quelque plaisir que Carlos éprouvât en se voyant ennobli, il n'oublia pas sa tante et doña Maria : cette dernière surtout fut pour lui comme une sorte d'apparition céleste.

— Non, sire, je ne suis pas ambitieux ; j'aime mieux ma liberté. Je n'ai pas de goût pour l'état ecclésiastique.

— Quand je parle j'ordonne. Au fait, je comprends, à ton âge ; mais cela passe ! Je dois être ambitieux pour toi. Tiens, voici de l'or, ajouta-t-il en lui remettant un sac de quadruples ; je te donne huit jours pour abuser de la vie. Dis adieu à tout ce qu'il y a de plus passager sur cette terre et viens à Dieu et à moi. Va ! et songe que je te suivrai partout.

— Et l'on dira encore que Philippe II n'a point fait d'heureux. Quel rêve pour ce jeune homme, pensa le roi lorsqu'il fut parti.

Carlos était en sortant beaucoup plus triste que le roi ne le croyait gai. Il ne savait comment retourner à Madrid, lorsqu'il trouva un domestique tenant en main deux chevaux.

— Que fais-tu là, lui dit Carlos.

— Je m'appelle Tomas ; j'attends mon maître, le comte d'Escovedo.

— C'est moi. Bon, voilà un espion. Enfin, dit-il, ma tante sera joyeuse ; mais Maria ! En route ! La dernière parole du roi empêchait toute fuite ; on ne pouvait échapper à la police inquisitoriale.

Arrivé à Madrid, Carlos se jeta dans les bras de sa tante, qui faillit mourir de joie au récit de tout ce qui arrivait.

Doña Maria, que Carlos alla voir le lendemain, fut au désespoir. Les deux amants pleurèrent ensemble. Maria était plus amoureuse que jamais de son beau comte d'Escovedo, qui se pavanait sur un magnifique cheval. Mais que faire ?

— Oublie-moi, disait Carlos.

— Ni mon cœur, ni mon honneur ne me le permettent.

Et Carlos la pressait dans ses bras. Les huit jours passèrent comme par enchantement. Carlos se résolut à ne plus se souvenir du délai fixé. Peut-être le roi m'oubliera-t-il? Il avait laissé ignorer à Maria le jour fatal et avait avoué à sa tante tout ce qui s'était passé entre elle et lui.

— Si d'ici quinze jours, dit-il, je ne suis pas de retour, vous donnerez cet argent à Maria. Non pas que je veuille faire croire que tout est fini entre nous. Ci-joint, je lui remets cette lettre signée de mon nom et par laquelle je la reconnais pour mon épouse légitime; mais je reviendrai.

— Espérons que tu ne reviendras pas; que le roi fera de toi son favori.

— Chère tante, vous m'aimez d'une étrange ma-nière.

Deux jours après, ou plutôt deux nuits après, comme Carlos sortait de chez doña Maria, son do-mestique qui l'accompagnait partout lui dit :

— Maintenant, seigneur comte, nous allons à l'Escorial.

— Comment, insolent.

— Il le faut, dit le domestique; ne me mettez pas dans la cruelle nécessité d'appeler à mon aide et de vous faire violence. Voyez!

Et il lui montra le sceau de la Sainte-Hermandad brodé sur sa ceinture de cuir.

— Et que m'importe! s'écria Carlos en fondant l'épée haute sur le domestique alguazil. Quatre ombres noires l'arrêtèrent. En un instant il se vit désarmé, garotté; on lui fit respirer un flacon d'odeurs particulières : il s'endormit.

Quand il se réveilla, il était à l'Escorial. L'inquisiteur don Bartholomeo Valdes, à figure assez bonasse, lui dit d'un ton de voix moitié dure moitié aimable :

—Songez qu'à la moindre révolte de votre part, votre tante et doña Maria iront où je voudrai. Adieu, fray Carlos.

Le pauvre jeune homme fondit en larmes.

Huit jours après ces derniers événements, un jeune cavalier de fort bonne mine frappait à la porte de doña Serafina. La vieille servante vint ouvrir.

— Don Carlos est-il chez lui ?

— Non, seigneur cavalier; depuis huit jours il est en religion à l'Escorial.

— Et doña Serafina est-elle chez elle ?

— Oui. Je vais voir si elle peut vous recevoir.

Quelques minutes après l'inconnu était introduit dans la chambre de doña Serafina.

— Dieu soit avec vous ma vénérable mère.

— Que désirez-vous, marmotta la vieille dame, et d'abord qui êtes-vous?

— Pour tout le monde, je m'appelle don Mariano Luz; pour vous, chère mère et pour Carlos, je suis doña Maria Luz.

— Une femme !

Et doña Serafina ne put s'empêcher d'examiner sous son étrange costume celle dont elle avait tant entendu parler : le résultat de l'examen fut assez favorable. Doña Maria s'était coupé les cheveux et bruni la figure. De jolie femme elle était devenue beau garçon. Son costume assez simple et d'une coupe vieillie lui donnait l'air d'arriver de quelque province éloignée.

— Oui, c'est moi, ajouta doña Maria ; moi qui viens vous aider à sauver celui que nous aimons toutes deux.

— Le sauver ! mais il n'en est pas besoin. Carlos est en passe de devenir ministre, et ce qu'il peut lui arriver de plus heureux, c'est de rester à l'Escorial.

— Madame, répondit doña Maria, je vois que nous ne nous entendons pas. Je sais que Carlos m'aime comme je l'aime et nous nous sommes jurés de tout faire pour nous réunir.

— Oui ; mais le roi est entre vous deux.

— Ce costume doit vous faire comprendre que je ne reculerai devant rien, pas même devant le pouvoir du roi. Vous n'avez donc jamais aimé, vous. J'ai tout quitté pour lui ; ma famille ignore ce que je suis devenue. Je retrouverai Carlos.

— Prenez garde, imprudente, de vous perdre tous deux.

— Cela vaut mieux que d'être perdus l'un sans l'autre. Vous ne savez donc pas que l'Escorial est un tombeau dont on ne sort jamais ; vous ignorez que c'est la douleur, la souffrance perpétuelle. Vous n'avez donc pas songé que vous n'embrasseriez plus votre Carlos. Doña Serafina, je vous aime comme une mère. Aimez-moi aussi.

—Pauvre enfant, répondit Serafina, je vois bien que vous l'aimez et qu'il vous aime certainement. Ah! ajouta-t-elle, il m'a chargé de vous remettre ce sac d'argent et cette lettre.

Doña Maria couvrit le papier de ses larmes.

—Vous le voyez, il ne m'a pas oubliée : il m'attend. Je prends cet argent; il peut m'être utile pour la délivrance de Carlos. Ah! que j'ai hate de revoir mon Carlos. Adieu, ma mère; laissez-moi vous embrasser pour lui. Adieu. Priez pour nous deux.

— Où allez-vous?

— A l'Escorial.

La pauvre Serafina prise entre ses rêves d'ambition et l'affection réelle pour Carlos ne savait plus où elle en était. Elle appela sa bonne.

— Prends ce carolus d'or, lui dit-elle, et va prier don Benito, le chanoine de San-Antonio, de faire dire vingt messes pour ces deux enfants. Jésus Maria! comment tout cela finira-t-il?

Six heures après, doña Maria, que nous appellerons désormais don Mariano, faisait son entrée dans l'Escorial, au milieu d'une innombrable population de domestiques, de soldats, d'employés, de grands seigneurs qui circulaient dans les rues. La pauvre jeune fille sentit son amour grandir en voyant l'immense et jaune monastère où devait être son amant et dont elle ne put s'approcher, car elle fut violemment repoussée par des soldats.

Elle alla se loger dans une hôtellerie et mit son cheval à l'écurie; après quoi elle commença à rôder par la ville. Plusieurs fois elle interrogea les passants leur demandant s'ils connaissaient le comte d'Escovedo. On lui rit au nez. Au désespoir de l'insuccès de ses recherches, elle passa sa soirée à pleurer; elle pria et le courage lui revint. De toute la nuit elle ne put dormir. On faisait un vacarme terrible dans l'hôtellerie : on se battit; le guet arriva. Don Mariano coucha tout habillé, et pour que la peur ne le prit pas il se mit à songer.

— Don Carlos est à l'Escorial, cela est sur. Où ? voilà ce que je ne sais pas. Mais voyons, avant d'y être, il a dû y arriver. Il a sans doute pris la grande route. Il était à cheval et c'est le seul chemin praticable pour les chevaux. Un sourire de contentement passa sur les lèvres de don Mariano. Il avait revu Carlos caracolant sur son beau cheval Isabelle, un beau cheval qui avait une tache blanche sur le front : c'est le roi qui le lui avait donné. Un cheval du roi, c'est magnifique ! Mais puisqu'il est au roi, il doit être encore ici, à l'Escorial. On ne doit pas avoir pour le cacher les mêmes raisons que l'on a pour cacher Carlos. Je puis le retrouver. Je me rappelle de plus que ce cheval était soigné par un nommé Tomas ; je saurai peut-être par Tomas où est Carlos. Tout cela est fort bien, mais il faut d'abord trouver le cheval : le cheval me fera trouver l'homme et l'homme m'indiquera la prison de Carlos et les moyens de parvenir jusqu'à lui.

Le lendemain matin don Mariano s'informait de l'endroit où se trouvaient les écuries du roi. Elles étaient, vous le voyez, nous dit Cornelio, à l'extrémité droite des bâtiments qui font face à l'Escorial. Pour y arriver il fallait entrer dans cette première enceinte, traverser la grande place, puis là trouver encore quelque prétexte pour pénétrer dans les écuries particulières du roi, ce qui était extrêmement difficile, Philippe II craignant qu'on n'ensorcelât ses chevaux.

Don Mariano obtenait ces renseignements d'un cabaretier dans la boutique duquel il était entré. Il allait en sortir, lorsqu'à son grand étonnement il aperçut Tomas qui s'engageait dans l'un des passages couverts sous lesquels il fallait passer pour entrer dans la première enceinte de bâtiments. Mariano s'élança à sa poursuite, mais il était trop tard. Tomas avait disparu. Un garde barra le passage. Au même moment quatre ou cinq individus sortirent du cabaret en courant. Arrêtez-le, criaient-ils en désignant Mariano.

L'un des hommes qui portait la livrée du roi attrapa Mariano par le bras et lui dit :

— Eh, mon jeune compère, vous êtes trop pressé. Vous avez renversé notre broc de vin, et nous n'avons pas l'habitude de payer ce que nous n'avons pas bu. Venez avec moi.

Comme il finissait de parler, ses camarades, qui portaient la même livrée que lui, accoururent et, d'humeur moins patiente, voulurent battre celui qui avait troublé leurs plaisirs.

— Laissez-le, laissez-le, reprit le prenier domestique moins furieux ; il m'a l'air d'un bon garçon, et s'il veut payer à boire tout s'arrangera.

Mariano fut obligé de consentir. On rentra au cabaret et l'on s'assit autour de la table. En voyant la livrée royale, Mariano songea à tirer parti de cette bizarre rencontre.

— Holà ! dit-il en frappant sur une table. Donnez-nous quatre pintes de Valdepeñas le meilleur qu'il y ait dans cette baraque. Il est juste de réparer ses torts, et c'est le verre en main que nous nous expliquerons.

Ces paroles lui avaient conquis toutes les sympathies. Dix minutes après l'on était ami.

Mariano se fit passer pour l'ancien domestique du comte d'Escovedo, nom malheureusement inconnu de ses interlocuteurs.

— Mon maître, dit-il, est entré en religion, me laissant un cheval et quelques doublons. Je ne sais que faire de ma vie. Et vous voyez, Caballeros, qu'il ne me reste plus qu'à entrer au service. J'avais bien songé à l'état militaire. Mais quitter l'Espagne pour aller en Flandre, le pays de la bière, je ne m'en soucie pas.

Un des convives qui avait servi en Flandre se crut obligé de faire le récit de ses campagnes ?

— Je me sens assez porté vers la religion, continua Mariano, et sans doute un jour je me mettrai dans les ordres si l'on veut bien me recevoir; mais cela quand je n'aurai plus d'argent!

Chacun émit son opinion sur l'état religieux; puis l'on parla du vin, des femmes. Mariano amena la conversation sur les chevaux.

— Ce doit être chose magnifique que les écuries du roi, hasarda-t-il.

— Peste! Je crois bien.

— Quel malheur! de ne pouvoir les visiter.

— Cela est difficile, en vérité. Il faut une permission du grand-maître.... ou bien, ajoute l'interlocuteur, la protection de l'un de nous.

— Et cette dernière protection, pourrait-on l'obtenir facilement?

— Hum! hum! faut voir.... Vous n'êtes pas magicien.

Mariano se signa précipitamment. Cette dénégation rapide plut à la compagnie.

— Allons, venez avec nous, lui dit-on.

— Merci, répondit Mariano. Et moi, ce soir, je vous attends à souper ici.

La sentinelle laissa entrer les valets et leur compagnon. Mariano croyait passer sur la grande place devant le monastère, et il se promettait de fouiller la pierre du regard.

— Nous n'allons pas traverser la grande place? dit le jeune homme, qui se vit entraîner sous terre.

— Eh non! l'ami. L'on ne peut se promener ainsi à l'entour de la demeure du roi. Tout le service se fait par des couloirs souterrains qui relient ces bâtiments entre eux et communiquent avec l'immense monastère. Après des détours sans nombre, la petite troupe ne tarda pas à arriver aux écuries.

Don Mariano fut forcé de tout visiter dans le plus grand détail. Ce ne fut qu'en dernier lieu qu'on lui fit voir les chevaux de selle. Il n'eut pas de peine à reconnaître le cheval de Carlos qui s'appelait *Fuego*, feu. Cette vue lui arracha quelques larmes. Mariano était resté seul avec le domestique qui le premier l'avait accosté devant le cabaret et qui semblait éprouver une grande affection pour son jeune camarade. Le vin que Mariano avait été obligé de boire l'avait fatigué. Antonio, c'était le nom de son nouvel ami, s'en aperçut bien.

— Jeune homme, lui dit-il, je vous estime. Vous avez de la religion, du cœur et de la générosité. Mais pour le moment vous êtes malade, il faut vous reposer. Allez dans cette grange que voici, cachez-vous dans la paille et dormez jusqu'au souper, je viendrai vous chercher.

Mariano sentait que sa tête s'en allait. Il avait une peur terrible de ne plus être maître de lui et de parler à tort et à travers. Et Tomas! Tomas qu'il n'avait pu rencontrer.

— D'abord, ne compromettons rien, pensa-t-il,

et il alla s'enterrer dans le haut d'un amas de paille et de foin où il était impossible de le voir.

Il y avait bien une heure qu'il était là, se désespérant et pensant au malheureux Carlos, lorsque deux hommes entrèrent et se couchèrent sur une botte de paille placée sur le sol. Mariano ne se découvrit pas. Un des deux hommes dit à l'autre.

— Huit doublons que je t'ai gagné hier, et dix que j'ai reçu aujourd'hui de don Bartolomeo, pour les huit jours que j'ai passés avec le petit Escovedo, cela fait bien dix-huit. Il m'est encore dû six doublons pour la nourriture de *Fuego*. Je n'ai eu que trois doublons à payer, mais il faut bien gagner sa vie. Cela fait, ce me semble, vingt-quatre doublons, tout autant. Regarde comme l'or reluit.

Mariano retenait sa respiration. Il avait reconnu la voix de Tomas.

— Dix doublons pour suivre ce bonhomme pendant huit jours. Ce n'est pas trop. Et encore il a fallu le garotter pour l'emporter. Comprends-tu cela, toi. Un homme que le roi aime assez particulièrement pour vouloir faire son bonheur et qui refuse une pareille faveur. Il a cherché à me percer de son épée ; mais j'avais prévu le coup. Nous l'avons attaché à son cheval, amené ici, et remis à don Bartolomeo qui ne m'a pas seulement dit merci. Eh! Pablo, je te joue les six doublons que l'on me doit.

— Et si on ne te paye pas. Tu n'exposes rien,

tandis que moi, j'étale l'enjeu. Je te oue tes vingt-quatre doublons.

— Vingt-quatre doublons, s'écria Tomas, mais c'est tout ce que je possède et une partie de ce que je possèderai. Vingt-quatre doublons, mais c'est ce que je donnerais pour passer une heure avec doña Maria, la maîtresse de cet Escovedo. Une vraie perle, ami, qui doit pleurer en ce moment toutes les larmes de ses yeux. Comme je la consolerais bien.

— Vingt-quatre doublons, et pourquoi ne coures-tu pas à sa recherche.

— Peut-on sortir de ce maudit couvent ! Mais je la retrouverai, la belle, et je t'affirme que je ne perdrai pas mon temps. Elle aura beau prendre ses airs dédaigneux... Au fait, cela ne sortira pas de la maison du roi. Ecoute, Pablo, si tu veux, nous jouerons les six doublons qu'on me doit et six bien vivants, contre huit que tu mettras au jeu.

— Diable.

— Pense. Ma parole vaut bien deux doublons, puis tu as de l'argent comme tu en veux, doña Geronima vole assez son seigneur et... maître don Bartolomeo Valdès, inquisiteur de Castille, elle peut donner de l'argent à son amoureux. Car tu es son amoureux, brigand, tu marches sur les brisées d'un inquisiteur. Tu sens le roussi. Peut-être que ton or est damné. Donc il ne vaut rien. Mais comme tu es mon ami, je le prends à moitié prix. Allons, huit doublons contre douze.

— Allons, jouons, dit Pablo.

Mariano ne perdit pas un mot de cette conversation qui lui révélait une partie du sort de son amant, et la fatale passion qu'elle avait inspirée au valet Tomas, auquel il lui était impossible d'avoir recours désormais. Elle passa de bien cruelles heures pendant que Tomas et Pablo jouaient avec des chances diverses, mais elle se sentait ranimée par l'espoir d'avoir des nouvelles plus certaines de Carlos par ce Bartolomeo Valdès, l'inquisiteur de Castille, qui avait reçu le jeune homme à son arrivée à l'Escorial. Mais comment arriver jusqu'à ce personnage important, ou au moins jusqu'à sa maîtresse et servante doña Geronima? Elle se promit de demander conseil à son nouvel ami Antonio qui lui avait inspiré une certaine confiance.

A ce moment même Antonio entrait dans la grange, où il venait chercher Mariano. Il fut fort surpris en voyant Pablo et Tomas qui jouaient. Il n'eut point l'air embarrassé.

— Pardieu, se dit-il, je venais faire la sieste ici, et j'y trouve deux joueurs. C'est fort bien. Comment va, señor Pablo et vous señor Tomas.

— Mal, répondit Tomas, en se levant pour sortir.

— Il a perdu dix-huit doublons sur parole et il est mécontent, ajouta Pablo.

— Tous les jours ne sont pas jours de bonheur, reprit Antonio. Si vous voulez, señor Tomas, je vous invite à souper avec quelques amis, et vous aussi, señor Pablo.

— Merci, reprit Tomas sèchement, et il sortit en fermant la porte violemment.

— Quant à moi, dit le laconique amant de la vieille Geronima, je ne refuse jamais un bon dîner. A ce soir. Où cela ?

— A l'hôtel du Castillan.

Pablo s'en alla. Une fois qu'il fut seul, Antonio appela Mariano. La tête pâle et fatiguée du jeune homme sortit de la paille.

— C'est un convive de plus, lui dit Antonio ; mais vous faites si bien les choses, que je n'ai pas cru vous déplaire.

— Vous avez fort bien fait, répondit Mariano, qui avait déjà son plan en tête. Connaissez-vous, ajouta-t-il, Bartolomeo Valdès, l'inquisiteur de Castille ? Quel homme est-ce ?

— Certes, je le connais. C'est un drôle d'homme, allez. Il ne pourrait passer par cette porte tant il est gros. Au reste, il n'est pas si méchant qu'on le dit, il a des moments de bonté.

— Où habite-t-il ?

— Pardieu ! au monastère même, avec une vieille servante, doña Geronima, qui est ou la maîtresse ou la mère, je ne sais, de cet hypocrite don Pablo, homme qu'il faut ménager et que je viens d'inviter à dîner. Pablo est comme moi de a maison du roi.

— Comment vit le señor Valdès ?

— Vous ne pouvez vous figurer une existence plus triste. C'est à dessécher d'ennui entre ces

deux vieilles têtes, entre ces deux catarrhes per-
pétuels. Mais, silence, c'est un personnage puissant. Il y a du danger à mal parler de lui. Il faudrait avoir commis de bien grands crimes pour se
condamner soi-même à servir un pareil couple.
Car doña Geronima est aussi maîtresse que son
maître. Mais pourquoi m'interrogez-vous ainsi ?

— Je voudrais entrer au service de don Bartolomeo.

— Et pourquoi ?

— Pour me punir de ma vie passée et me pré-
parer à une vie meilleure.

— Ecoutez, répondit Antonio, je ne sais pas ce
que vous êtes. Je ne veux pas le demander. Je
vous le repète, je me sens une certaine sympathie
pour vous. Je parlerai ce soir à don Pablo. Vous
avez une idée en tête. Faites-vous pendre si vous
voulez. Je ne vous en empêcherai pas.

Pablo était l'intime ami d'Antonio, et quoi qu'il
fût fort étonné de la demande que ce dernier lui
adressa au nom de don Mariano, il ne vit aucune
raison pour refuser.

— Jeune homme, dit-il, c'est une bien lourde
tâche que vous voulez vous imposer. Je ne suis pas
votre confesseur, je ne vous demanderai pas
quelles sont vos fautes. Par le temps qui court, et
dans la maison où nous habitons, les paroles que
prononce un individu lui sont déjà assez lourdes
sans qu'il se charge des pensées des autres. J'espère qu'avec ma protection vous entrerez au ser-

vice du noble et pieux seigneur Bartolomeo. Vous y apprendrez l'exercice de toutes les vertus privées et publiques de ce noble défenseur de la foi. Jeune homme, vous n'ignorez pas non plus que les hommes les plus purs peuvent être, eux aussi, avec la permission du ciel, influencés par des paroles méchantes, des propos calomniateurs. Si jamais vous aviez occasion de parler de moi, je vous prie de le faire en termes tels que tout d'abord votre conscience n'ait rien à vous reprocher, et qu'ensuite aucun dommage ne puisse en résulter pour votre prochain. A l'Escorial, il faut avoir des yeux pour ne point voir, et la main droite ne doit pas plus savoir ce que fait la main gauche, que la langue exprimer toutes pensées intimes.

— Voilà un fort beau sermon dont je me rappellerai, répondit Mariano. Ne craignez rien, la sainte Vierge m'inspirera.

Le lendemain matin Pablo attendit Mariano pour le conduire auprès de doña Geronima. Le cœur de la pauvre jeune fille battait avec violence lorsqu'elle mit le pied dans le monastère. Si j'allais rencontrer Carlos, pensait-elle. Oh non! fasse le ciel que cela n'arrive pas. Je me trahirais, je le perdrais. Mais qu'est-il devenu? S'ils l'avaient tué! O mon Jésus, mon Jésus! et elle retenait ses larmes qui voulaient couler.

Depuis deux jours qu'il était en campagne, le visage de Mariano avait bien changé. Ses traits fatigués annonçaient heureusement aussi bien l'ascétisme que la douleur. Ses yeux expressifs brûlaient d'amour. Etait-ce pour Dieu ou pour un être vivant? A l'Escorial la question devait être résolue par l'affirmation de cette piété mystique qui, quelques années plus tard, devait amener sainte Thérèse et les jésuites. Et dans cette cour, où la moitié des gens était condamnée à l'hypocrisie, celui-là jouait le mieux son rôle qui pouvait faire croire le plus à sa religiosité. N'est-il pas bizarre que l'amour de la terre ait les mêmes allures que l'amour du ciel?

Après de nombreux détours dans l'aile droite du monastère, après avoir traversé je ne sais combien de galeries et monté tout autant d'escaliers, Mariano et son guide arrivèrent à une petite porte dérobée. Pablo frappa trois fois. La porte s'ouvrit brusquement.

— C'est vous, Pablo, dit une femme d'un certain âge, étendue dans un grand fauteuil de cuir; soyez le bienvenu.

— J'accepte la bienvenue, répondit Pablo; mais ce n'est pas pour moi, c'est pour mon ami don Mariano, un jeune compatriote à moi que je veux vous présenter.

Mariano s'inclina jusqu'à terre. Doña Geronima salua de la tête.

— C'est mon neveu, ajouta don Pablo. Un franc vaurien que j'ai trouvé l'autre jour dans un cabaret où il faisait tout le tapage imaginable. Voilà un an qu'il a quitté Alcantara et la maison de sa

8.

mère, qui est ma sœur, pour venir me trouver. Le polisson a pris le chemin le plus long pour arriver à l'Escorial, celui de la débauche et de l'orgie.

Doña Geronima fronça le sourcil en regardant Mariano, sur lequel Pablo faisait tomber de si lourdes culpabilités. Ce dernier ne savait que penser.

— Mon oncle, dit-il piteusement en baissant les yeux.

— Silence! répondit don Pablo; je n'ai pas oublié les beaux serments que vous m'avez faits il y a une heure. Je sais ce qu'il vous faut. Si vous aviez eu toujours de bons exemples sous les yeux, vous ne seriez pas tombé dans le péché comme vous l'avez fait. Mais vous n'en êtes pas moins coupable de ne pas avoir reporté toutes vos pensées vers Dieu. Vous serez puni par les vices que vous avez aimés. Demain, vous serez soldat. Mais j'ai voulu avant de vous quitter vous faire voir une sainte femme.

— Ce châtiment est bien dur, Pablo, interrompit doña Geronima, qui depuis quelques minutes ne perdait pas de vue Mariano.

— Et que puis-je faire d'un misérable débauché comme lui.

— Madame, sauvez-moi, s'écria Mariano, qui sauta sur la main de Geronima et la couvrit de baisers ; Dieu vous récompensera, et vous ferez une bonne action de plus.

— Ce jeune homme est plein d'ardeur. Peut-être est-il temps encore de le ramener à Dieu, répondit Geronima en s'adressant à Pablo.

Mais en quelques secondes, un regard de la duègne, l'élan de Mariano, dont il ne soupçonnait pas le sexe, avaient fait naître dans l'âme de Pablo un certain nombre de sentiments qui pouvaient se résumer par ce mot : jalousie. Aussi, quand doña Geronima, qui n'avait aucune arrière-pensée, mais qui avait eu plaisir à voir la mine éveillée de Mariano, proposa à l'oncle de se charger du neveu, rencontra-t-elle une assez vive opposition. Mais plus Pablo se défendait, plus doña Geronima insistait, et comme ils ne s'étaient jamais rien refusé, ce fut Pablo qui céda.

— Mariano, dit la duègne, votre oncle veut bien vous confier à moi ; il faudra que vous vous repentiez. Avec moi la lutte ne sera pas possible ; je dispose de tous les moyens nécessaires pour vous sauver ou vous perdre.

— Merci, mon oncle ! s'écria Mariano en se précipitant dans les bras de Pablo. L'embrassement fut long, car la jeune fille trouva moyen de donner quatre doublons et de dire à son protecteur :

— N'ayez pas peur, je lui parlerai de vous.

Ce qui eut pour conséquence de jeter ce pauvre Pablo dans une foule d'incertitudes qui n'étaient pas philosophiques, car le mépris de l'or n'y figurait pas au premier rang. Il sortit.

— C'est une vie nouvelle qui commence pour

vous, dit doña Geronima. Il faudra que l'avenir rachète le passé.

— Chère mère, interrompit Mariano, qui sans plus de cérémonie prit la bonne dame par le cou et la couvrit de baisers, n'ayez pas peur, je vous aimerai tant, tant, que vous finirez par m'aimer aussi. Et en parlant ainsi, Mariano examinait doña Geronima : c'était une femme de quarante à quarante-trois ans, que le temps avait respectée et que la dévotion et le voisinage de l'église avaient pour ainsi dire embaumée. Malgré quelques rides, les formes étaient encore assez pures ; seulement toute transparence de peau avait disparu, et des tons mats remplaçaient les couleurs de la jeunesse. Doña Geronima était blonde ; ses mains d'une élégance et d'une blancheur parfaite sortaient délicieusement d'une large manche blanche recouverte, comme le reste du corps, par une robe de drap noir. De grands yeux noirs, à demi voilés par une large paupière, n'avaient rien d'austère. Une légère tendance à l'obésité n'offrait pas cependant de trop repoussantes déformations. En un mot doña Geronima était encore une femme, et les caresses que lui prodiguait Mariano faisaient circuler plus vite un sang qui coulait d'ordinaire fort tranquillement dans les veines dévotes de la très-sainte servante de don Bartolomeo. Une seule infirmité affligeait ce corps consacré à l'église : doña Geronima avait une jambe plus courte que l'autre.

— Mon enfant, répondit-elle à Mariano, avant tout il y a ici un être que nous devons aimer plus que nous-mêmes, c'est don Bartolomeo. Vous promettez de lui obéir en tous points.

— Oui, mère, fit Mariano, heureux du ton assez doux de la duègne.

— Cette chambre sera la vôtre, reprit-elle; la mienne est ici à gauche. A droite sont les apparments de don Bartolomeo. Mais comme vous avez l'air fatigué; vos habits sont tachés.

Doña Geronima alla chercher un verre d'eau et du pain.

Mariano, à qui cette pauvre chère ne promettait pas pour l'avenir une nourriture bien succulente, affecta de manger de fort bon appétit. Geronima, quand il eut fini, alla lui chercher une large robe de laine noire et laissa la jeune fille se déshabiller et revêtir son nouveau costume. Au bout d'une heure elle revint.

— Venez, lui dit-elle, je vais vous présenter à don Bartolomeo.

L'excellentissimo señor Bartolomeo Valdès, évêque d'Avila, inquisiteur de Castille, était un homme gros et gras, à face bien nourrie, rose et blanche. Il était étendu sur d'énormes coussins près d'une fenêtre qui éclairait librement une vaste salle, le long de laquelle des bibliothèques de bois de chêne renfermaient nombre d'in-folios reliés magnifiquement. Quelques tableaux religieux décoraient un pan de muraille laissé libre. Assis sur un tabouret, un jeune prêtre écrivait sous la dictée de Bartolomeo, qui par moment cessait de parler pour souffler épouvantablement. Souffler, respirer, tel était le caractère de cet homme, qui n'avait aucune volonté et n'était arrivé qu'en s'abaissant devant ses supérieurs? Tempérament de feu, l'Eglise et sa vie sédentaire l'avaient condamné à une obésité effrayante. Lorsqu'il était mal assis, lorsqu'une longue affaire le retenait longtemps en place, il pouvait à peine respirer. Alors il était terrible ; ses phrases courtes contenaient d'affreuses sentences, et malheur à ceux qui comparaissaient devant lui à ce moment. Pouvait-il respirer, c'était autre chose ; il devenait bavard, indulgent et ne condamnait personne. Par bonheur ce jour-là il respirait admirablement à faire trembler les vitres.

— Son excellence, lui dit Geronima, veut-elle me permettre de prendre à son service don Mariano, mon cousin, un jeune homme plein d'amour et de respect pour vous ainsi que pour la foi.

L'œil à moitié mort de don Bartolomeo s'arrêta complaisamment sur le jeune homme.

— Certes, oui, répondit l'inquisiteur; il a visage plaisant. Vous choisissez bien vos serviteurs, doña Geronima, car c'est à votre service que vous prenez ce jeune homme. Allez, je ne suis pas jaloux. Vous me servez assez bien pour être bien servie vous-même. Très-sainte Vierge! il est charmant et nous en ferons plus tard, si vous voulez, un enfant de chœur comme il n'y en a pas un dans tout l'Escorial.

Mariano ne savait plus quelle contenance garder : l'œil de l'inquisiteur lançait des flammes. Geronima comprit ce qui se passait.

— Prenez congé de son excellence, dit-elle au jeune homme.

Mariano prit la main que don Bartolomeo lui présentait, c'est-à-dire une masse de graisse, et l'effleura de ses lèvres. Mais cette marque de respect ne suffit pas au gros homme qui l'embrassa lui-même sur le front en disant :

— Peste ! quel bel enfant !

A la nuit, doña Geronima laissa seul Mariano après lui avoir dit :

— Cher enfant, donnez-moi le baiser de paix et faites vos prières.

Le mobilier de la salle où se trouvait la pauvre doña Maria n'était pas riche : un prie-Dieu, un lit et un escabeau, voilà tout. La pauvre fille ne se déshabilla pas ; elle se jeta sur son lit et réfléchit non sans effroi à sa nouvelle position.

— Me voilà emprisonnée comme Carlos, pensa-t-elle, et dans une maison dont il ne me semble guère facile de sortir... Toutes les portes sont fermées à clef. Mon Dieu ! que vais-je devenir ? En admettant que je sache de don Bartolomeo ou de Geronima ce qu'est devenu Carlos, il me sera difficile de le rejoindre et encore plus difficile de me sauver avec lui. Pourquoi aussi ai-je été me lier avec tous ces valets? pourquoi ai-je agi au hasard, m'abandonnant à la première chance qui se présentait à moi. Carlos pense-t-il à moi comme je pense à lui ? ferait-il pour moi ce que je fais pour lui ? et la pauvre fille sanglottait.

Doña Geronima parut. Mariano se blottit sous les couvertures.

— Ne pleurez pas ainsi mon enfant, lui dit-elle ; si votre repentir est sincère, Dieu vous pardonnera vos folies ; il vient toujours en aide à ceux qui souffrent. Elle l'embrassa et partit en ajoutant : Je vais voir si son excellence n'a besoin de rien.

— Décidément, songea Mariano, on m'embrasse beaucoup dans cette maison. Ai-je donc trouvé des êtres qui m'aimeraient, et l'espoir lui revint. Ah ! je m'explique tout. Pour doña Geronima je suis un homme ; mais pour don Bartolomeo que suis-je donc ? La pauvre enfant se sentit effrayée de cette double complication qui surgissait et venait créer de nouveaux obstacles qu'il fallait vaincre. Doña Maria se mit à prier. Mon Dieu, dit-elle, donnez-moi la force de tout entreprendre et ne me créez pas de nouveaux ennemis. Elle s'endormit, brisée par la fatigue et pensant à doña Geronima et à don Bartolomeo.

Doña Geronima en voyant son énorme maître étendu sur un énorme lit ne put s'empêcher de faire une comparaison tout à l'avantage de Mariano. Quand à Bartolomeo il dit à sa servante :

— Le petit Mariano est là ?

— Oui.

— Il est charmant.

Dès le lendemain commença pour Mariano la plus triste et la plus uniforme des existences. Doña Geronima, pour une raison ou pour une autre, le quittait pas. La duègne exigea de lui un récit complet de ses fautes. Le malheureux fut obligé de se mettre l'imagination à la torture pour inventer des crimes dont il était bien innocent. Doña Geronima faisait des questions pressantes, surtout lorsqu'il s'agissait de malheureuses femmes séduites et abandonnées, car doña Maria fut obligée de se faire passer pour être un véritable séducteur. Mais la pauvre enfant ne savait que répondre lorsqu'il fallait donner des détails impatiemment demandés. Lorsqu'à son tour Mariano interrogeait Geronima sur la vie intérieure de l'Escorial, demandait les noms des principaux seigneurs, on détournait la question. Un jour il alla jusqu'à oser prononcer le nom d'Escovedo. Inconnu. Mariano parla d'un jeune homme enlevé, garotté, emprisonné à l'Escorial : on ne savait rien. Restait don Bartolomeo qui, lui, devait tout savoir ; mais doña Geronima semblait prendre à tâche d'éloigner Mariano de lui. Il est occupé ; on ne peut le voir ainsi ; n'êtes-vous pas bien près de moi ? telles étaient les réponses qui lui étaient faites. La pauvre doña Maria était au désespoir. Un mois se passa ainsi sans sortir, sans apprendre aucune nouvelle, dans

la crainte perpétuelle de se voir reconnue, perdue.

Un jour, doña Geronima entra, les yeux
rouges, et dit sèchement à Mariano :

— Allez, son excellence vous demande.

Mariano obéit. Il trouva le gros inquisiteur
étendu sur son lit. Don Bartolomeo fit asseoir le
jeune homme près de lui et lui prit les mains. Il
ne soufflait pas; sa figure était rouge cramoisi, ses
yeux brillaient.

— Eh bien, cher enfant, lui dit-il, comment
vous trouvez-vous?

— Fort bien, monseigneur; doña Geronima est
si bonne pour moi.

— Ah! ah! fit l'inquisiteur, et vous ne désirez
rien de plus?

— Si, excellence ; je désirerais visiter le monastère.

— Pour cela, il faudrait être plus souvent avec
moi. Pourquoi ne vous vois-je pas chaque jour ?

— J'ai peur de vous déranger.

— N'ayez pas peur, bel enfant. Venez; et il l'at-
tira vers lui pour l'embrasser. J'ai beaucoup d'affection pour vous. Et vous, m'aimez-vous ?

Mariano baissait les yeux et tous ses membres
tremblaient. Bartolomeo respirait; Mariano était
pâle. Un prêtre entra en ce moment.

— Le roi prie son excellence de venir lui parler, dit-il.

— Aidez-moi, dit Bartolomeo à Mariano. Vous

m'accompagnerez ; vous serez mon bâton et vous porterez ce portefeuille.

Quelques instants après, la pauvre doña Maria, tenant d'une main un portefeuille énorme, donnant l'autre à Bartolomeo qui s'appuyait lourdement, fit sa première sortie dans l'Escorial. Elle allait voir Philippe II. Toutes ses espérances et toutes ses craintes revinrent ; mais elle était décidée à tout plutôt que de continuer à souffrir comme elle souffrait depuis un mois. Tout en interrogeant Bartolomeo sur les différentes destinations des appartements qu'ils parcouraient, elle forgeait en sa tête mille plans d'évasion. Et pourquoi, pensa-t-elle, pourquoi ne m'adresserai-je pas au roi ? Pourquoi ne lui raconterai-je pas l'histoire de nos amours ? C'est un homme, après tout, et il a aimé, lui aussi. Pourquoi ne lui demanderai-je pas la liberté de Carlos et la mienne ? et nous fuirions ; nous nous aimerions en plein jour, en pleine liberté.

Quand elle se trouva en présence de Philippe II elle sentit sa résolution disparaître. Elle fut glacée d'épouvante et peu s'en fallut qu'elle ne se trouvât mal. Véritablement il fallait qu'il y eût un bien grand amour dans le cœur de cette femme pour qu'elle pût supporter sans mourir de pareilles émotions. Et notez qu'elle n'avait pas d'amis, et que tous ceux qui lui témoignaient quelque affection avaient un but trop intéressé.

— Eh bien, évêque d'Avila, dit Philippe II, respires-tu aujourd'hui? (Les rois d'Espagne tutoient tout le monde.)

Depuis trois ans c'était la seule fois que Philippe II eût plaisanté, et la plaisanterie n'était pas gaie.

— Parfaitement, sire, répondit le poussif inquisiteur.

— Je t'ai fait venir, reprit plus sérieusement le roi, afin de te demander des nouvelles de mon protégé.

— Sire, votre protégé est toujours au couvent. Sa tristesse n'a pas diminué. Il semble cependant animé d'un plus grand amour pour notre Seigneur; il prie avec exaltation.

Il était l'heure des vêpres. Les cloches sonnaient. Le roi ouvrit l'une des vitrines qui donnaient sur la chapelle.

— Voici les moines qui arrivent, dit-il. Don Bartolomeo, montre-moi mon protégé.

L'évêque s'avança et montra du doigt.

Pour Mariano, la chapelle était invisible. Qu'on juge de son état d'anxiété, une sorte de pressentiment l'agitait: elle devinait qu'il s'agissait de Carlos. Elle perdit la tête et s'élança vers le roi et l'évêque pour voir aussi; mais le roi entendant du bruit se retourna. Mariano tomba à genoux en joignant les mains. Une voix pure venait d'entonner le *Magnificat anima meâ* : cette voix c'était celle de Carlos.

Philippe II regarda Mariano.

— Tu as de pieux serviteurs, dit-il à don Bartolomeo, et il écouta lui aussi.

Ce qu'il y avait de passion et d'amour terrestre dans la voix de Carlos, c'est ce que Mariano put seule comprendre. Elle pria, elle remercia le ciel. Carlos était là ; elle l'entendait, elle le revoyait sans le voir ; elle sentait son amour. Chaque verset chanté était une parole consolante pour elle, pour cette Maria chérie qui n'était pas au ciel mais sur la terre. Je suis sauvée, pensa-t-elle.

— Mon protégé a une bien belle voix, dit Philippe II d'un air sombre, trop belle peut-être, et il congédia l'évêque lorsque les chants furent finis.

Doña Maria était dans un tel état de surexcitation, qu'elle eût porté don Bartolomeo. Maintenant elle en était sûre, Carlos était à l'Escorial ; ils l'avaient mis avec les moines, au couvent, et justement le couvent était situé dans l'aile droite où elle habitait elle-même. Elle n'avait plus qu'une idée : fuir le plus vite possible. Elle oublia de songer par quels moyens elle pénétrerait dans le couvent proprement dit ; elle ne pensait plus qu'à être libre. Les fenêtres de l'appartement donnaient sur les jardins. S'échapper par la fenêtre, c'était sortir de l'Escorial, où il était si difficile de rentrer. Il fallait donc trouver un moyen d'ouvrir les portes qui donnaient sur l'escalier dérobé, car les autres sorties étaient gardées par des valets et des soldats. Dans son trouble, doña Maria fut quelques instants avant de se rappeler que la nuit toutes les clefs restaient dans la chambre de doña Geronima. Elle résolut d'aller les prendre aussitôt que l'évêque et sa servante dormiraient.

Par une incroyable fatalité, il semblait que ce soir-là doña Geronima ne voulait pas la quitter. C'étaient des phrases d'affection, des caresses multiples et fort embarrassantes ; c'est à peine si Mariano écoutait ce que la bonne dame lui disait. Enfin la vieille partit. Mariano attendit avec impatience que la nuit fût avancée. Que de fois il se leva et regarda les sentinelles qui glissaient le long des murailles ; il fit de l'astronomie et suivit la marche des étoiles, qu'il eût voulu accélérer. Lorsqu'une heure et demio sonna aux différentes horloges, il se mit à genoux et pria Dieu de faire réussir son entreprise. La nuit était noire : Mariano crut entendre un bruit de pas ; il se recoucha. Silence, puis le bruit devint plus distinct. Mariano reconnut le pas incertain de doña Geronima. Une peur terrible le saisit. Que venait faire la duègne ? pourquoi ne dormait-elle pas ? Le bruit cessa ; mais bientôt il en distingua un autre : un souffle puissant, don Bartolomeo.

— Mon Dieu, pensa Mariano, que va-t-il se passer ?

Une minute après deux mains se saisissaient dans l'obscurité et deux voix bien connues s'écriaient en même temps :

— Doña Geronima !

— Bartolomeo !

— Chut ! chut !

— Chut ! chut !

Bartolomeo s'enfuit. Geronima retourna dans sa chambre, alluma une lampe, prit ses clefs, ferma la porte et vint voir si Mariano dormait. Ce dernier fit semblant d'être plongé dans le plus profond sommeil.

— Heureusement il dort, dit-elle, et elle l'embrassa sur le front ; puis gagna l'appartement de l'évêque après avoir fermé la porte pour ne pas être dérangée.

— Pas de clefs ! pas de clefs ! murmura Mariano en se tordant les bras.

— Don Bartolomeo, vous n'avez pas honte ! s'écria Geronima.

— Et vous, señora, qu'alliez-vous faire dans la chambre de ce jeune homme ?

— L'Eglise promet des punitions terribles pour de semblables péchés. Les flammes qui ont brûlé Sodome attendent les criminels.

— Femme, taisez-vous. Voilà donc cette éducation que vous vouliez faire.

— Et je la ferai. Ce jeune homme est mon parent, il est à moi ; je le cacherai si bien que vous ne le trouverez pas, misérable.

— Vous oubliez qui je suis, reprit l'évêque. Je vous ai permis beaucoup ; mais je crois être plus maître que vous en ces lieux, et nous verrons à qui de nous deux appartiendra Mariano, puisque c'est une lutte que vous voulez engager.

En disant ces mots, Bartolomeo se mit devant la porte qu'il cachait de son corps et agita une sonnette. A ce bruit deux domestiques accoururent.

— Dans la chambre à côté de celle-ci, dit-il, dort un jeune homme. Emparez-vous de lui et conduisez-le au prieur du couvent auquel vous remettrez cette lettre ; et il écrivit quelques mots.

Heureusement le pauvre Mariano était habillé. La non-réussite de son projet l'avait jeté dans une morne stupeur.

— Au couvent ! répéta Bartolomeo.

— Au couvent, pensa Mariano, mais c'est là qu'est Carlos. Mon Dieu! vous avez eu pitié de moi.

Geronima et Bartolomeo restèrent seuls ; ce dernier soufflait puissamment.

— Je ne pensais pas qu'ainsi finiraient quinze années de tranquillité, dit Geronima d'une voix étranglée.

— Et moi le pensais-je aussi, répondit le gros homme.

— Vous ne m'avez jamais aimée.

— Moi ! C'est vous au contraire qui toujours m'avez trompé. Et Pablo ! et Mariano !

— Moi, c'est vers vous que je courais.

— Et moi, où allais-je ? si ce n'est..... ingrate que vous êtes.

— Bartolomeo !

— Geronima !

Voilà donc les hommes qui nous gouvernaient ! s'écria don Cornelio.

Il fit une cigarette, se leva et nous conduisit dans l'intérieur de l'église. Le clair de lune était toujours superbe : un véritable temps d'apparition. Involontairement le troisième acte de *Robert-le-Diable* me revenait en tête. Je chantais le : *Nonnes qui reposez...* à toute la cour de Philippe II, à qui je ne prêtais cependant pas les traits de Gueymard. Prevost avait fort mal à la tête et en regardant le pas assuré de don Cornelio il prétendait que les aveugles étaient les seuls gens qui vissent réellement, puisque l'obscurité ne les embarrassait pas. Pour moi je remarquais avec quel soin don Cornelio, dans le récit qu'il allait finir, avait décrit les formes extérieures des personnages comme s'il eût voulu intellectuellement nous les faire voir comme il les voyait lui-même.

Sa cigarette finie, il continua.

— Le costume des moines du couvent de Saint-Laurent était blanc. Une cagoule qui ne devait jamais se lever couvrait le visage. Deux trous laissaient seuls passer les regards. Les novices, ceux qui n'avaient pas encore prononcé de vœux définitifs, portaient une robe de bure de même forme, mais de couleur noire. Chaque moine avait sa cellule dont il ne sortait qu'aux heures de service pour se rendre à la chapelle. Le silence était une des lois imposées. Le couvent était dirigé avec une sévérité impitoyable et semblait être l'idéal des établissements de ce genre.

Le pauvre Carlos, depuis qu'il avait été enfermé et rangé dans la catégorie des novices, avait versé bien des larmes. Il voulut, on le sait, se révolter contre ses geôliers, refusa d'obéir aux ordres qui lui étaient donnés. Mais la menace de faire disparaître sa tante et doña Maria avait suffi pour le rendre docile. Il s'était soumis pour sauver celles qu'il aimait. Oubliant la terre, il pensa au ciel, car c'était là seulement qu'il espérait revoir ses amours. Dans ses prières il demandait la mort. Les prières surtout qu'il adressait à Maria, Maria *sanctissima*, *pulcherrima*, étaient pour lui de véritables effusions. Il se mit à chanter, et c'est au *Magnificat* que Mariano l'avait reconnu.

Mariano, lui aussi, dès son entrée au couvent, fut revêtu de la robe de bure et de la cagoule qui le rendait invisible. Avec quelle impatience il attendit l'heure des vêpres pour reconnaître Carlos à ses chants. Il était impossible, sans se compromettre, de le chercher autrement. Pendant trois jours Carlos ne chanta pas. En vain doña Maria chercha-t-elle à deviner son amant sous ces robes de bure des moines mystérieux qui marchaient tous, les bras croisés sur la poitrine. Jamais elle ne souffrit autant. Savoir qu'un des hommes qui priaient là devant elle était son amant et ne pas pouvoir le reconnaître, l'appeler, lui dire : Je suis là, je te cherche, je t'aime !

Le quatrième jour, doña Maria était à la chapelle des moines.

— Il faut y aller, nous dit Cornelio.

Dans l'église, suspendue à cinquante pieds de haut, en face de l'autel et au-dessus de la grande porte, est la salle du chapitre. C'est là que les moines, dominant la foule, venaient assister à l'office divin. Sur trois côtés, le long de la muraille, sont rangés des fauteuils en bois. Un lutrin immense en cuivre et en bronze remplit le milieu de la salle, qui est dallée en marbre. Il n'y a aucun détail artistique, tout est austère, froid et triste. Cornelio nous mena jusqu'au dernier fauteuil à droite dans le coin. Ce fauteuil n'avait aucun signe particulier. Une foule de badauds y ont gravé leur nom. Cornelio pressa un ressort et le mur s'ouvrit derrière le fauteuil. Nous aperçûmes un petit escalier.

— N'oubliez pas cela, ajouta-t-il. Je vous disais donc que doña Maria était ici, un soir, à l'Angelus, il faisait presque nuit. A genoux sur la pierre elle priait. Les femmes ne se laissent guère absorber que par une pensée unique : l'amour ! et encore ! Aussi la jeune fille regardait-elle de tout côté. Elle vit auprès d'elle, de l'autre côté du lutrin, un moine, un novice comme elle, qui priait aussi, et élevait par moments ses mains vers le ciel. Elle écouta. Le moine implorait la sainte Vierge.

— Maria, Maria, disait-il, venez à moi car je souffre et je vous aime. C'était Carlos.

Doña Maria s'avança sur ses genoux plus près de lui et murmura :

— Carlos, je suis ici.

— Maria, Maria, dit-il, et il allait se jeter dans les bras de son amante lorsqu'il se retourna pour voir s'ils étaient seuls.

La dernière stalle de droite était occupée. Un moine vêtu d'une robe blanche méditait.

— Le roi, dit tout bas Carlos. Ne bouge pas. Levons-nous et sortons.

Les deux novices se levèrent. Fatalement ils devaient passer devant Philippe II. Ils tremblaient.

— Est-ce toi, fray Carlos? dit le roi.

— Oui, Sire.

— Fray, je t'ai entendu il y a quelques jours chanter le *Magnificat*. Ta voix était trop belle. Fray, tu n'as pas oublié cette terre. Malheureux, songe donc au ciel. Songe donc que tout est faux sur cette terre, et que celui-là sera damné qui ne se repentira pas. Il n'y a pas d'amour qui vaille le paradis. Fray Carlos, les femmes trahissent. Dieu seul est fidèle. Prends garde.

C'était l'habitude de Philippe II de se rendre ainsi secrètement à la chapelle des moines et d'assister solitairement aux offices.

Les premiers moments d'épanchement des deux amoureux furent troublés par ces sinistres paroles:

— Je t'ai retrouvé, disait doña Maria. Mon cœur devrait éclater de joie, et cependant je tremble, j'ai peur. Voyons, Carlos, fuyons.

— Ah! je te croyais perdue, perdue pour la vie, répondait Carlos. Ma vie, mon âme, je t'aime! Que m'importe le danger, je ne vois plus que toi. J'oublie tout. Tu n'étais plus qu'un rêve pour moi, et voilà mon rêve devenu réalité.

Ce ne fut qu'au bout d'un mois qu'ils songèrent à fuir. Mais pendant ce mois, jamais plus brûlant et plus sincère amour ne vécut au milieu de plus cruels tourments. Dans le palais de Philippe II, dans l'Escorial, dans un couvent, les deux amoureux oublièrent tout, excepté leur amour. Les cérémonies religieuses devenaient des parties de plaisir. La voix de doña Maria s'unissait à la voix de Carlos pour célébrer la gloire et la bonté de Dieu. Ils vivaient dans une sorte de désert, ne connaissant qu'eux-mêmes, ne voyant qu'eux-mêmes, s'aimant malgré les dangers, et peut-être à cause des dangers. La fuite devait présenter de nouvelles difficultés; c'était le commencement d'une nouvelle série d'émotions terribles. Et chaque jour ils reculaient le terme fatal; ils demandaient des forces à l'amour. Un changement très-grand s'était opéré dans Carlos : la tristesse l'avait quitté. Quant à doña Maria elle-même, il n'y avait plus pour elle que bonheur, elle ne voyait plus que le présent. Jamais plus éloquente protestation de l'amour ne s'éleva contre la vie monastique et ses austérités, et jamais aussi plus insolent défi ne fut porté à la puissance de l'Église. Il serait trop long de vous raconter toutes les ruses employées par les deux jeunes gens pour se voir et s'aimer. Dieu sembla les protéger. Ils en vinrent jusqu'à trouver beau ce temple qui abritait leur amour. La seule pensée de doña Serafina, leur tante chérie, leur rappela la nécessité de fuir.

Philippe II, auquel ils ne pensaient plus, veillait cependant. Il avait été frappé de la conduite de son protégé. Les exaltations religieuses ne l'avaient pas trompé. Il devina l'amour, son ennemi! Il fit venir Tomas, le domestique qui avait accompagné Carlos à Madrid, et l'interrogea sur la conduite du jeune homme. Tomas parla naturellement de doña Maria; sur l'ordre du roi, il partit pour Madrid, et apprit que la jeune fille avait disparu. C'est à ce moment que Philippe II conseilla à Carlos de prendre garde. On arrêta doña Serafina, la pauvre vieille tante, on la mit à la torture. A la seconde épreuve de chevalet elle était morte sans avoir rien dit. Mais sa vieille bonne fut moins courageuse : elle avoua avoir vu doña Maria en homme au moment où il partait pour l'Escorial. Il ne fut pas difficile d'obtenir de Pablo des renseignements plus précis. Le pieux domestique n'avait pas pardonné à Mariano de l'avoir fait exclure de chez doña Geronima. Quant à Antonio, le brave homme ne dit rien. Malheureusement il ne pouvait rien empêcher. On arriva ainsi jusqu'à doña Geronima. Don Bartolomeo lui-même fut interrogé et informé du sexe véritable du personnage qu'il avait accueilli chez lui, ce dont doña Geronima faillit perdre la tête. Bref, tout fut bientôt connu, et Philippe II tint dans sa main l'explication du dernier changement de manière d'être de Carlos, devenu gai et content.

Les deux amoureux ne savaient rien de ce qui se passait. Ils s'aimaient! Un soir surtout, le plus beau de leur vie, ils se promenaient ensemble, parlant de leur amour, et se croyaient seuls. Une ombre noire les suivait cependant. Jamais leurs lèvres ne furent mieux l'interprète de leur cœur il faisait à peu près le même temps qu'aujourd'hui. Ils allaient sous ces voûtes sombres comme dans une fraîche forêt éclairée à certains endroits par les rayons de la lune. Imaginez tout ce que se peuvent dire de plus beau deux êtres qui se chérissent, le savent et se le disent, et vous comprendrez ce qu'entendit celui qui suivait. Ils passaient et repassaient dans cette petite galerie qui est derrière la chapelle, et où se voit le beau Christ en marbre de Benvenuto Cellini. Ils étaient gais, heureux ; ils allaient la main dans la main. Devant ce Christ que la lune argentait, leur bouche s'unit dans un baiser.

— Horreur ! s'écria Philippe II, car c'était lui qui les suivait, lui qui se rongeait les poings en entendant parler d'amour, en se souvenant d'avoir aimé.

— Pitié ! s'écria doña Maria, en se précipitant aux pieds du souverain. Au nom de celle que vous avez aimée, pitié ! Sire, nous nous aimons.

— Nous sommes perdus, dit Carlos.

Philippe II s'enfuit.

Quelques instants après, des gardes s'emparaient de don Carlos et de doña Maria. Ils furent menés devant Philippe II, qui était entouré des moines et de quelques inquisiteurs.

— Sire, qu'ordonnez-vous ? demanda don Bartolomeo.

— Séparez-les.

Don Carlos et Maria s'unirent dans un baiser suprême. Ils arrachèrent leur cagoule, et le roi put apercevoir leur visage que l'amour illuminait. Philippe II était blême.

— Don Carlos, dit-il d'une voix entrecoupée, je t'aimais, je voulais te sauver. Tu t'es perdu ; tu as préféré cette femme à Dieu et à moi. Vous avez osé souiller cette enceinte sacrée par vos caresses impies. Pour un tel crime, il faut des supplices horribles. Gardes, tirez votre épée. Allez chercher Ignacio.

Mon pauvre aïeul arriva. Il y avait dix ans qu'il était aveugle et vivait dans l'Escorial dont il connaissait merveilleusement les détours sans nombre.

— Ecoute, lui dit le roi, tu vas prendre cet homme et tu lui feras parcourir le palais tout entier pendant dix-huit heures. Et vous, Carlos, si

vous faiblissez une seule fois, la tête de cette
créature tombera à mes pieds..Si vous résistez,
vous serez libre, ajouta-t-il en souriant.

Doña Maria en entendant cet horrible sentence,
voulut une dernière fois implorer le roi ; mais ce
dernier se recula comme devant un animal im-
monde.

Don Carlos envoya un suprême baiser à doña
Maria et partit accompagné d'Ignacio et de gardes
qui devaient se relayer d'heure en heure. Doña
Maria était évanouie. Il était neuf heures du soir.

L'infernale promenade commença à la lueur
des torches. Ils parcoururent d'abord les différentes galeries qui circulent autour de l'église et
servent à monter aux tours ; puis ils visitèrent successivement toutes les salles, toutes les tours ; ils
gravirent tous les escaliers , descendirent dans
tous les caveaux.

— Pourvu que mon corps ait autant de force
que ma volonté, se dit Carlos.

Pendant quatre heures, il marcha d'un pas lent
mais assuré et se sentit parfaitement maître de
lui-même. Vers le commencement de la cinquième
heure, il éprouva un léger bourdonnement d'o-
reilles ; sa tête s'alourdit. Il passait en ce moment
dans l'église.

— Courage ! lui cria doña Maria qui le vit.

La pauvre fille fut à l'instant bâillonée. Philippe II était étendu sur un lit placé dans son
cabinet. Il s'était senti malade.

Le cri de doña Maria rappela Carlos à sa véritable position, car depuis quelques instants il l'avait oublié. Il ne pensait plus qu'à une chose : marcher ; il marchait ; mais par moments il oubliait pourquoi il devait marcher. Sa tête s'alourdissait davantage ; par bonheur, ses jambes n'étaient pas encore fatiguées. Bientôt il lui sembla que toutes les salles, toutes les galeries où il passait avaient une forme conique et qu'il lui fallait écarter les murailles de la main pour se frayer un passage. Au bout de trois quarts d'heure de cette souffrance, il perdit conscience de l'endroit où il était ; il croyait marcher dans des cendres noires ou bien dans le vide. Il ne sentait plus son pied poser à terre. Il avançait péniblement. Ignacio lui tenait toujours la main.

Carlos avait la fièvre ; le sang battait aux tempes. En passant près d'une fenêtre une bouffée de l'air frais du matin frappa son front ; ses idées changèrent. Il se trouvait alors dans une grande salle qui lui sembla être la campagne ; il commença à parler à ses gardes et leur montrait du doigt la lune et les étoiles. Le rire le prit ; un rire nerveux, saccadé. Dans une galerie assez étroite, il lui sembla qu'il marchait dans son cercueil dont les parois s'allongeaient indéfiniment. Tout au bout, tout au bout, il apercevait doña Maria qui l'appelait. Les parois lui parurent couvertes de dessins mystérieux, de têtes de mort. Il poussait des cris terribles et courait sans espoir d'arriver.

La vision ne tarda pas à prendre une autre forme. Carlos pensait traîner derrière lui toutes les pierres qui composent le monument, et, comme ses habits flottaient en ce moment contre le mur, il croyait de plus glisser le long d'épées tranchantes qui effleuraient sa peau en la coupant. La sueur qui coulait, il la prenait pour du sang.

— Mon Dieu, que j'ai soif ! que j'ai soif ! s'écriait-il.

Et il se mit à pleurer ; de grosses larmes sortaient de ses yeux injectés de sang et ruisselaient le long de son visage. Cela lui fit du bien. Peu à peu, relativement, une lueur de raison lui revint. Il pensa à doña Maria ; il rêva qu'il lui donnait le bras, qu'ils allaient se marier à l'autel ; mais ils marchaient très-vite et doña Serafina, sa vieille tante, ne pouvait pas les suivre. Il aperçut dans un coin un buste de Philippe II ; il eut peur ; il fit comme s'il sautait sur un cheval en tenant doña Maria dans ses bras. Il fuyait, il galopait se croyant poursuivi par Philippe II, une grande ombre noire. Cette ombre s'allongeait passant par-dessus sa tête et se trouvait fermer le chemin. Carlos pensait galoper sur le cadavre de Philippe II. Il arrivait ainsi à un château où il était reçu par une foule immense de moines qui tenaient tous leur tête à la main et qui lui montraient doña Maria sur un trône, tenant aussi sa tête à la main. Puis, cette tête accourait vers lui ; il voulait l'embrasser, et la tête ne faisait que le cogner, le frapper.

Le malheureux se heurtait la tête contre le mur.

Dès ce moment les fantômes s'emparèrent de son imagination. La tête de doña Maria se changea en moines qui battaient sa cervelle comme une enclume. Carlos était en proie à la plus vive agitation ; il crut être au milieu de l'Afrique ; des animaux énormes sautaient sur lui. Il se courbait comme s'il les sentait réellement tomber sur ses épaules. Il éprouvait la peine la plus grande à monter et à descendre. Ignacio le soutenait autant qu'il le pouvait, mais lui-même était fatigué et comprenait tout ce que devait souffrir le malheureux condamné. A chaque instant on croyait voir tomber Carlos et il ne tombait pas.

Le jour qui commençait à poindre lui donna de nouvelles forces. Il continua à marcher ; il ne parlait plus ; il ne s'agitait plus.

Doña Maria était revenue à elle ; mais bâillonnée, elle ne pouvait pas s'écrier :

— Faites-moi mourir ! faites-moi mourir ! mais qu'il ne souffre pas ainsi. De plus on l'avait liée pour prévenir toute tentative de suicide ou d'évasion. Les gardes se tenaient, l'épée nue, auprès d'elle.

A la onzième heure de marche, il faisait grand jour : il était huit heures du matin.

Carlos semblait n'avoir plus conscience de rien. Ses yeux étaient rentrés dans la tête ; la bouche était ouverte et la langue pendait. Il marchait toujours bien : ses mains étaient rouges et le sang battait avec force.

A neuf heures il recommença à parler. La lune et le soleil tombaient sur lui, disait-il ; mais encore quelques pas et je serai délivré.

A dix heures, mon aïeul Ignacio tomba inanimé. Carlos avançait toujours. Ignacio fut remplacé. Carlos était beaucoup plus calme. Ses mains devinrent froides, son visage se recomposa ; il y avait évidemment effort de volonté. Il entreprit un long sermon qui finit par un résumé des réformes qu'il y aurait à opérer dans l'administration des gabelles. Le moindre bruit le faisait vibrer comme une corde. Lorsque l'horloge sonnait les heures, il tressaillait aussi longtemps que durait le bourdonnement du son.

Philippe II ordonna de le faire passer devant lui et devant doña Maria. Il ne reconnut pas Philippe II et demanda qui il était. Il reconnut, Maria mais sans émotion.

— Je marche, lui dit-il.

Il y avait quatorze heures qu'il marchait.

— Sire, vous n'aurez donc point pitié, hasarda don Bartolomeo.

— Bartolomeo ! ne me rappelle pas que je t'oublie !

Le roi était dans un état effrayant.

A midi, Carlos était fou, idiot ; il riait et demandait à manger. Il marchait comme un homme ivre, mais il marchait. Philippe II était plongé dans une morne stupeur. Cet effort inouï de volonté, inspiré par l'amour, l'épouvantait. Il se sentait petit, humilié en présence de ce condamné plus fort que sa sentence et luttant contre la nature.

Doña Maria priait le ciel de briser les forces de Carlos et de le sauver en la perdant.

A une heure, don Carlos ne marchait presque plus; il se lançait d'un mur contre l'autre. Il était évident que dans quelques instants il allait tomber mort.

Philippe II le fit amener devant lui.

— Je te fais grâce de la dernière heure de ton supplice, lui dit-il. Un prêtre va bénir ton union avec celle que tu aimes.

Carlos était immobile. Il ne comprenait plus; ses yeux étaient à demi fermés : c'était une masse inerte se tenant debout, je ne sais pourquoi.

Doña Maria fut déliée. Sa vue ne rappela rien à Carlos, dont la tête s'agitait comme un balancier : il était passé à l'état de brute.

— Fille du démon, s'écria Philippe II, reçois de ma main l'époux de ton choix. Son intelligence est morte, il ne reste plus que le corps : il est à toi.

Doña Maria prit Carlos dans ses bras.

— Il est à moi, eh bien! je le tue.

Et elle repoussa Carlos dont le cadavre roula lourdement par terre : elle l'avait étranglé. Elle regarda Philippe II comme si elle allait lui parler, mais la voix lui manqua. Elle lui cracha à la figure et tomba se fracassant la tête sur les dalles.

Philippe II fut pris d'une fièvre terrible. Au bout de quarante jours, pendant lesquels il ne sortit pas de son cabinet, il mourut.

Comme don Cornelio finissait son récit, une bande de jeunes gens traversait la place de l'Escorial ; ils chantaient et jouaient de la guitare : j'écoutais. C'était l'air de *Marco la belle*. Grand Dieu !

Le lendemain nous revînmes à Madrid. Prevost eut une congestion cérébrale. Était-ce la chaleur ? était-ce l'Escorial ? était-ce l'histoire de don Cornelio : je n'en sais rien.

AL SOL

Compressed

AL SOL

I

La présente histoire, señor mio, commence au milieu de la rue, au soleil et au mois de juin, ce qui doit évidemment prévenir en sa faveur ceux qui aiment l'air, la lumière et la chaleur, trois belles choses que Dieu a données à l'homme pour lui faire mieux sentir toutes les joies de la paresse contemplative. Adieu donc aux gens pressés, occupés ou travailleurs; adieu aux femmes coquettes et trop laides pour ne pas être obligées de se faire belles à grand'peine; adieu enfin à tous ceux qui ne sacrifieraient pas leur part des trésors célestes pour un bon rayon de soleil bien chaud, savouré lentement le long d'un mur. Que ceux qui veulent me suivre accrochent leurs préoccupations à la corne gauche du dernier croissant de la lune. Il les reprendront dans une heure, et le ciel, ce grand mont-de-piété, leur prêtera en revanche la gaieté.

Con que. Nous sommes à Madrid, dans la rue, *la calle de la Montera,* qui part de la fameuse *puerta del Sol*, le boulevard des Italiens d'Espagne, et remonte vers le nord. C'est vraiment chose plaisante à l'œil qu'une rue de Madrid, avec sa double rangée de maisons peintes en rouge, en jaune, en blanc, en bleu, en rose. Chaque fenêtre, munie de persiennes vertes, s'ouvre sur un petit balcon que dans la journée une *cortina* ou longue pièce de toile protége contre la chaleur. Les toits dépassent l'alignement, et les gargouilles menacent de verser des torrents d'eau sur les passants, quand il pleuvra, mais il ne pleut pas. Demandez-le à la petite fontaine qui s'élève à l'extrémité de la rue et qui donne à peine quelques gouttes d'eau à tous les *aguadores* (porteurs d'eau) attendant le bien heureux liquide. Depuis la fontaine placée devant la vaste maison occupée par le Crédit mobilier espagnol jusqu'à la *puerta del Sol,* la rue descend assez rapidement, et l'église de *San Luis,* peinte en blanc et en rose, se trouve la partager en deux parties égales. La *calle de la Montera* est une des plus animées de Madrid. La foule y est compacte matin et soir. Les magasins de nouveautés à l'instar de Paris; les bijoutiers, les quincailliers y ont ouvert nombre de boutiques, et tout le long des trottoirs, des marchands d'allumettes et de papier à cigarette nasillent à l'envi, *cerillas, caballero, cerillas y papel de hilo.* Les innombrables types de l'hétérogène population madrilène se croisent, se mêlent dans les costumes les plus variés. Tout est là : depuis le chapeau tuyau de poêle jusqu'au petit chapeau andalous, jusqu'aux chapeaux classiques des gendarmes, jusqu'aux foulards rouges noués autour de la tête, jusqu'au chapeau noir de Basile ; depuis l'habit noir jusqu'à la veste dite marseillaise, dont les coudes et le dos sont ornés de dessins multicolores ; depuis le molet nu des Valenciens, jusqu'au pantalon noir des sauvages français, jusqu'aux culottes courtes des paysans qui conduisent leurs chars à bœuf ou leurs troupeaux de mule se se suivant en se tirant par la tête et par la queue ; enfin, jusqu'aux bottes de cuir des habitants de la Manche. Femmes en mantille et femmes en chapeau ; têtes nues à la chevelure artistement peignée ; têtes chauves ! Beautés idéales, laideurs fantastiques. Que de phrases ! que de jurons ! que de bouffées de tabac ! que d'éventails s'enroulant et se déroulant ! que de cris !

Joignez à cela nombre de mules, de voitures, de fiacres, de diligences, de charrettes qui circulent tout autour de la susdite fontaine entourée de ses *Gallegos* (Galliciens, lisez Auvergnats), avec leurs vestes jaunes et rouges, leurs bonnets de laine et leur petit tonneau, alors vous pourrez vous faire idée de la calle de la Montera par un beau soleil. On a beaucoup écrit sur l'influence du bleu dans les arts ; on s'est trompé : c'était l'influence du bleu sur l'âme qu'il fallait dire. Le nuage est un sermon catholique qui rappelle à l'homme le peu d'étendue de sa vie, l'impuissance de sa volonté. Quant à la pluie et à tout ce qui s'ensuit, c'est la négation de Dieu. Mais le bleu azuré! c'est l'immensité qui se découvre, et en même temps c'est la vie donnée à tout ce qui entoure. Le moindre détail extérieur s'anime, se dessine, se met au plan réel, et l'âme chante *Hosannah* au bleu. Comme la blancheur des maisons peintes à la chaux tranche bien sur cette couleur de l'Infini, et le bon Dieu, ce grand peintre, a mis là ces rouges porteurs d'eau pour compléter le tableau. Tant il est vrai que la chose la plus laide est fort belle à sa place.

Madrid a toujours soif, et soif d'eau plutôt que de vin; aussi la quantité d'*aguadores* est innombrable. Ce sont en général des Gallegos ou Galliciens arrivés de leurs montagnes pour gagner quelques sous qu'ils iront manger chez eux. Ils entendent leur existence à peu près comme nos Auvergnats, auxquels ils ressemblent sinon par le costume, au moins par l'intelligence, par les habitudes et par la forme athlétique de leur corps. Ils portent en général une culotte de drap foncé, des bas de même couleur et des sandales. Leur veste jaune ou rouge est munie sur les épaules d'un morceau de cuir sur lequel ils appuient leur petit tonneau qui équivaut à un seau et demi. Les aguadores sont répartis en groupes à peu près égaux entre toutes les fontaines que l'on rencontre à chaque pas dans Madrid et qui remplacent le Manzanarès ensablé. Les aguadores d'une même fontaine forment une sorte de communauté. Ils vivent ensemble et couchent ensemble, tout habillés, dans de grandes salles qui en contiennent trente ou quarante. A dix heures du soir on laisse tomber sur les endormis une vaste couverture qui les protége tous. Comme le service est aussi mal entendu que possible et qu'il n'y a pas beaucoup d'eau, deux ou trois robinets à une seule fontaine servent pour quarante ou cinquante aguadores qui, en attendant leur tour, déposent leur tonneau, causent et forment les groupes les plus pittoresques. Dernier trait caractéristique : de tous les Espagnols, l'aguador seul, qui est toujours un Gallego, fume la pipe, une toute petite pipe de bois.

L'aguador est d'un naturel prudent et intéressé. Il fait toutes les économies et il ne recule devant aucune entreprise lorsqu'elle peut lui rapporter quelques sous ; il n'a peur de rien, pas même du soleil de midi. Regardez plutôt celui-ci qui cause avec un vieux commissionnaire (un *mozo de cordel*, un garçon de cordes), son compatriote.

— Pepe, Pepe, dit ce dernier en s'adressant à l'aguador, ce sont des folies que tu me débites. La petite est jolie, c'est très-vrai ; mais elle est Andalouse et tu es Gallicien, et vous ne pouvez pas vous entendre : cela ne s'est jamais vu. Elle est brune, et tu es blond, autre impossibilité ; tu es un beau garçon, et elle, c'est un petit oiseau qui n'a que la plume et les os ; elle s'habille bien, voilà tout. Mais j'aime encore mieux ma veste à collet rouge que je mets depuis tantôt dix ans que les oripeaux que son père lui donne. Je préfère te voir porter ton tonneau et moi porter ma corde, que de devenir marchand de lard pourri, de jambon fumé, comme ce voleur de Cayetano, son père, qui regarde tout le monde de haut en bas.

Pepe est un beau jeune homme, épais, carré, aux muscles athlétiques ; il est originaire des environs de Vigo, et ne se distingue de ses compatriotes ni par plus de légèreté d'esprit, ni plus de libéralité. Pepe serait un porteur d'eau comme les autres, si le ciel ne lui avait départi la plus magnifique chevelure blonde qui se soit vue en Espagne. Au delà des monts, la couleur blonde est fort recherchée, fort admirée et surtout fort enviée. La chevelure de Pepe était chose merveilleuse ; elle constituait à elle seule un trésor. Plusieurs fois le Gallego l'avait fait couper et l'avait vendue fort cher à des coiffeurs. Malgré cette mise en coupe réglée, les cheveux revenaient toujours plus beaux et donnaient au porteur d'eau une originalité et un attrait particulier.

L'histoire de Pepe est celle de tous les Gallegos: il était arrivé à Madrid au commencement de l'hiver précédent, et, comme la plupart de ses compatriotes, il avait passé par les souffrances de la *Noche Buena*, ou nuit de Noël.

Les fêtes d'hiver sont très-curieuses en Espagne

et appellent chacune différents divertissements. Quelques jours avant le 25 décembre, des marchands se promènent dans les rues avec des troupeaux de dindons vivants, car c'est une habitude consacrée de manger un dindon à la *Noche Buena*. Les boutiques de pâtissiers se remplissent de gâteaux immenses en forme de serpents. Chacun se prépare à saluer de son mieux la naissance du Sauveur.

Le 24, sur les huit heures du soir, de grands feux s'allument au milieu des rues. Des groupes se forment ; on danse, on chante :

Esta noche es noche Buena.

Si le hasard amène au milieu de ce groupe joyeux un pauvre Gallego à peine arrivé de ses montagnes, on l'entoure, on lui parle ; on lui dit : les rois mages vont arriver dans quelques minutes par la porte de Toledo (la plus éloignée). Viens avec nous, prends une échelle pour mieux les voir. Le Gallego perd la tête, prend l'échelle et court suivi par la foule qui agite en signe de joie d'énormes tambours de basque résonnant sous les coups multipliés. La course infernale, éclairée par les torches, dure jusqu'à épuisement du Gallego. C'est ainsi que l'on paye sa bienvenue.

A minuit a lieu la *missa del gallo*, la messe du coq ; à l'*Ite missa est*, le peuple hurle, joue de ous les instruments qu'il a pu se procurer, choque des casseroles l'une contre l'autre : c'est le sabbat au milieu de l'église. On se disperse dans les rues pour continuer le terrible concert. Les enfants traînent derrière eux quelque vieille ferraille attachée à une ficelle, et dont chaque soubresaut sur les pavés aigus de Madrid ajoute une note discordante à la plus effrayante harmonie. Mais revenons à la calle de la Montera.

Pendant que le *mozo* parle, Pepe l'aguador est assis sur son tonneau. Il tourne ses yeux bleus vers une boutique située en face de la fontaine, et au-dessus de laquelle sont écrits ces mots : *Salchicheria de Cayetano Ramirez*, que l'on peut traduire par ceux-ci : charcuterie de Ramirez. En vérité, le commerce de don Cayetano est très-compliqué : outre les innombrables échantillons de saucisses, de boudins, de jambons qu'il détaille à ses pratiques, le salchichero a établi quelques tables dans le fond de son magasin, en sorte que l'on peut consommer sur place. Quand on mange, il faut boire. Cayetano vend aussi du vin et de l'aguardiente, l'eau-de-vie du pays, qui ressemble beaucoup à l'anisette. Mais, le matin, rien n'est meilleur qu'un verre d'aguardiente et des buñuelos. Le buñuelo, sorte de pâte frite dans l'huile bouillante, dans l'huile espagnole, hélas! a besoin d'être mangé tout chaud. Aussi y a-t-il une grande cuve d'huile bouillante et lançant dans l'air sa noire fumée et son odeur empestée. C'est l'habitude de boire, en été, de l'eau d'orge (*agua de cevada*), et de l'orgeat (*horchata*), dont on absorbe des litres entiers. Don Cayetano doit offrir à ses pratiques tout ce qu'elles peuvent désirer. Sur le comptoir donc il y a deux grands tonneaux blancs qui renferment les deux boissons favorites. Joignez à cela, dans un autre coin, des caisses d'escabeche, ou poisson fumé, avec leur parfum *sui generis*. Avec une telle variété de marchandises, la boutique de Ramirez attire de nombreux chalands qui viennent boire, manger, fumer, causer.

Pepe contemple avec tristesse ce mouvement et cette activité.

— Et puis, continua le vieux commissionnaire en assujétissant sa corde sur l'épaule, crois-tu que Nicolasa manque d'adorateurs qui lui plairont plus que toi. Quand il n'y aurait que ce petit intrigant de Juan, qui fait tous les métiers, et qui, sous prétexte de vendre des petits chiens de la Havane, se promène toujours. Il n'a pas d'argent, c'est très-vrai, mais c'est le compatriote de Cayetano ; c'est son ami, et il fait la cour à Nicolasa. Juan n'a pas plus d'argent que tous ceux qui viennent à la boutique ; mais tu n'en as pas davantage, toi, et, crois-moi, Nicolasa n'a qu'une idée : bien s'habiller et avoir de l'argent. Elle épouserait le Crédit mobilier et pas un autre. Écoute, Pepe ; celle qu'il te faut, je la connais, c'est Pepa, la domestique qui demeure calle del Desengaño. C'est une bonne Gallicienne, celle-là. Elle n'est plus jeune, c'est vrai, mais elle a plus d'écus qu'elle n'a de cheveux et de dents, c'est une bonne fille qui travaille encore. Elle t'aime ; mariez-vous et allez au pays. Tu seras heureux ; laisse-là les folies. Adieu, petit, et tâche de retrouver ta langue si tu l'as perdue.

En effet, Pepe l'aguador n'avait pas répondu à ces conseils paternels donnés par le vieux commissionnaire.

— Antonio, dit-il enfin, c'est aujourd'hui qu'on tire les numéros de la loterie moderne. Tu as le huitième d'un billet, et moi aussi. Nous avons mis tous les deux sur le même numéro 22,022. Si je gagnais cependant.

— Voilà dix ans que je tente la chance, reprit Antonio, et je n'ai jamais gagné que cent douros (500 francs).

— Il n'y a qu'un an que je joue et je n'ai encore rien gagné.

— Nous sommes fous. Il est vrai que je suis bien vieux et que je devrais être corrigé ; mais l'habitude ; et puis, il ne faut qu'un instant.

— Qui sait ! J'ai mis mon billet avec une image de la sainte Vierge dans la doublure de ma veste.

— Oublie Nicolosa et ton numéro ; c'est ce que tu peux faire de mieux, dit Antonio en s'en allant.

L'Espagne n'a pas encore supprimé la loterie ; il y a même deux loteries : la loterie moderne et la loterie ancienne. La loterie moderne se compose de 25,000 billets qui se divisent en huitièmes de billets ou *otchavos*, lesquels otchavos valent de

3 francs à 10 francs selon l'importance du tirage, par lequel on peut gagner soit **5,000** douros (25,000 francs), soit **30,000** douros (**150,000** francs), soit **80,000** douros (**400,000** francs), soit même **100,000** douros (500,000 francs), et en outre deux ou trois cents lots inférieurs de **20,000** francs à 30 francs. Ces **200,000** billets se placent toujours dans le délai d'un mois. Tirage et payement ont lieu avec la plus grande ponctualité. Aussi tout le monde a-t-il sous ce rapport confiance dans l'Etat et prend-il les billets vendus sur tous les points de l'Espagne, dans des bureaux particuliers, ou colportés dans les rues, dans les cafés, par des aveugles et des enfants qui vendent des allumettes. Il en est à peu près de même de la loterie ancienne, qui est la même que la nôtre, et où les combinaisons du terne, du quaterne ou du quine multiplient la mise. Inutile de dire que, en Espagne comme en France, certains numéros sont rêvés, discutés, choisis. Tout le monde joue et surtout les aguadores, le petit peuple.

C'est donc un événement d'intérêt majeur que l'apparition de la liste des numéros gagnants. Aussi la *calle de la Montera* devint-elle presque silencieuse lorsque l'on commença à distinguer dans le bas de la rue la voix nasillarde des gamins criant :

— Voici la liste des numéros gagnants de la loterie moderne.

On court, on se précipite, on arrache cette petite

11

et longue feuille de papier qui contient les numéros gagnants les plus fortes sommes. Le soir, une seconde liste plus complète paraît et vient causer de nouvelles émotions moins fortes et plus souvent agréables. Pepe revenait en ce moment avec son tonneau sur l'épaule.

— Petit, dit-il à l'un des gamins, laisse-moi voir ta liste.

— Donnez-moi un cuarto (2 centimes) et je vous la prêterai.

— Ce n'est pas la peine; laisse-moi voir.

— Non. Je n'ai pas gagné le gros lot et je ne veux pas vous donner ce que je vends.

Pepe, sans trahir son anxiété, continua son chemin et retourna jusqu'à la fontaine faisant, en sorte de passer près de la boutique de don Cayetano Ramirez, dans le double espoir de trouver quelque liste dont il pourrait user gratuitement et de jeter un coup d'œil à sa bien-aimée, la belle Nicolasa, la salchichera qui devait, selon son habitude, trôner au comptoir et faire la conversation avec quelques-uns de ses admirateurs. C'est le propre de certains amoureux de rechercher les spectacles qui peuvent les faire souffrir en leur montrant que leur personne n'excite que l'indifférence ou l'oubli.

Par extraordinaire il n'y avait pas grand monde en ce moment dans la boutique du salchichero. Dans un coin, à une table, deux toreros, en costume de ville, pantalon noir colant, veste noire

d'astracan, petit chapeau *calanes*, mais recon-
naissables à la mèche de cheveux à laquelle ils
attachent leur résille les jours de course de taureaux, buvaient fort tranquillement et jouaient
avec la canne dont un torero ne se sépare jamais.
Près du comptoir, Cayetano, le maître de la maison, causait avec le petit Juan, le marchand de
chiens, et avec la belle Nicolasa. Là où il y a une
dame, elle passe la première ; parlons donc
d'abord de Nicolasa.

Nicolasa est de Séville, c'est dire qu'elle est
jolie ; elle a l'œil noir et la peau blanche. Ses cheveux sont noirs ; sa bouche est petite, quoique les
lèvres soient un peu grosses ; les pieds et les
mains sont courts mais un peu larges. Nicolasa
n'est pas d'une taille élevée ; un léger embonpoint
lui enlève les élégances ou si l'on veut les mai-
greurs habituelles à la jeunesse. C'est une fraîche
et appétissante jeune fille qui tient toujours une
fleur entre ses dents ; le long de son front, de ses
tempes et de ses joues sont plaquées ces petites
mèches de cheveux qu'on appelle en France
accroche-cœurs et en Espagne *caracolitos* (colimâ-
çons) ; ce sont là, dit la chanson, tout autant de
petites cloches qui appellent les amoureux autour
de la séduisante Nicolasa qui mêle, comme toutes
les Andalouses, force gestes à la conversation. Insouciante de caractère, elle se croit la plus heureuse des femmes lorsqu'elle est bien enveloppée
de son châle de Manille en soie blanche et noué

autour de la taille. Une petite rose rouge placée
un peu plus bas que l'oreille gauche engage l'œil
à examiner la naissance d'un cou potelé. Nicolasa,
ne sachant ni lire, ni écrire, a suivi jusqu'à présent les différentes conditions de son père sans
s'inquiéter du lendemain, pourvu que le jour présent ne fût pas trop chaud et lui permît, sinon de
manger du pain, au moins de se peigner, de
s'acheter un éventail et de se mettre une fleur
dans les cheveux.

Cayetano Ramirez est un grand gaillard, très-
maigre et très-brun, portant les cheveux aussi courts
que possible, en revanche laissant croître une paire
d'immenses favoris d'un noir bleu. Un grand cou
décharné sort d'un col de chemise que retiennent
deux boutons de cuivre. Pas de cravate, pas de
gilet ; un pantalon de couleur jaunâtre, une veste
marseillaise ornée dans le dos d'une croix composée de différentes pièces d'étoffe de couleur
voyante. Cayetano a été successivement *zagal* ou
postillon de diligence, soldat, galérien, conducteur de diligence, domestique ; il s'était marié
avec une femme de son pays qui avait quelques
écus et fonda l'établissement de salchichero. En
analysant ce commerce varié, nous avons dit les
développements que Ramirez lui avait donné.
C'est en même temps l'histoire de la fortune de
Cayetano, qui se serait trouvé dans une assez jolie
position s'il n'avait eu de tout temps une trop
grande passion pour le beau sexe, passion qui ne

fit que croître et embellir après la mort de sa femme. Cayetano a de grands yeux, un grand nez, une grande bouche. Dans sa carrière militaire, il était parvenu au grade de caporal : de là lui était resté le surnom de *el Cabo* (le Caporal).

Reste le troisième personnage, Juan, le petit marchand de chiens. Juan a la figure plate et le nez camard, les yeux noirs, cela va sans dire. Il porte favoris et moustaches, mais moustaches imperceptibles : un point noir sous le nez. Juan a vingt-quatre ans et il serait assez bien fait s'il n'avait les jambes de travers. Il n'est ni beau ni laid, mais sa figure est expressive, et en le regardant attentivement on reconnaît en lui un homme capable de tout faire pour le triomphe de sa volonté. Il est d'un caractère gai, entreprenant ; Juan aime à se mêler de tout, à parler de tout. Il a tout entrepris et il aurait tout réussi s'il l'eût désiré. Au-dessus de toutes choses, il place la paresse ou la course de taureaux ; et cependant il est le premier à proposer quelque joyeuse partie où l'on boira, mangera, dansera, jouera de la guitare et des castagnettes. Comment vit Juan ? Là est le mystère. A certains jours, enveloppé dans un grand manteau qui lui sert à dissimuler des habits déchirés, il court les rues offrant aux passants deux petits chiens de la Havane au poil blanc et soyeux, à chair humaine. Si on ne veut pas des chiens, il montre des échantillons de cigare de contrebande ou bien du tabac français ; il offre de

vous suivre à domicile et là s'engage à vous four-
nir, si vous le voulez, des soieries de Lyon, des
couteaux anglais ; sans compter qu'il cache dans
sa ceinture des livres immoraux et vous vendra
tout ce que vous désirez. De plus, Juan est un peu
torero ; il fait partie d'une société d'amateurs qui,
à ses risques et périls, sans témoins, essaye d'imiter
les véritables toreros , auxquels ils sont ce que les
comédiens de société sont aux acteurs de profes-
sion.

— Señorita, disait Juan à Nicolasa, je vous pro-
mets pour le jour de votre fête une sérénade
comme Madrid en entend rarement. Je n'irai pas
demander au sacristain de la paroisse de m'envoyer sa troupe qui coûte 20 réaux (5 francs) et
joue pour tout le monde ; nous serons tous amateurs , et je vous affirme que les voisins mettront
le nez à la fenêtre pour nous entendre. Seulement,
quand nous aurons fini don Cayetano nous offrira
quelques rafraîchissements.

— Quand il s'agit de payer tu me mets toujours
en avant, répondit le charcutier, marchand de
vins , restaurateur. Crois-tu donc que l'argent ne
me coûte rien? Si je n'avais que des pratiques
comme toi, je n'aurais pas de quoi donner à boire
à ceux qui recherchent mon amitié.

— Père, interrompit Nicolasa, vous oubliez que
Juan est le plus gai de tous ceux qui viennent ici,
et qu'en l'écoutant raconter quelque histoire plus
d'un buveur a demandé un autre petit verre.

— Et non, señorita, reprit Juan, ce n'est pas moi qu'on écoutait ; ce sont les couplets que chantent vos yeux ; et plus d'un buveur a rempli son verre à condition que vous y tremperiez le bout de vos lèvres.

— C'est vrai, fit Cayetano. Nicolasa m'est bien utile et toi aussi, Juan. Mais que diable vient faire ici cet éléphant d'aguador avec son tonneau.

Pepe était arrêté sur le pas de la porte.

— Eh ! que veux-tu, l'ami ? cria Cayetano ; ne sais-tu donc pas qu'ici on ne boit que du vin, et que l'eau est inutile.

Je ne sais ce que Pepe eût répondu, mais il aperçut, en détournant la tête, Antonio, le mozo de cordel, qui s'avançait vers lui. Il passa donc son chemin et s'en fut à la rencontre de son compatriote.

— Quel beau garçon, quel beau blond ! s'écria Nicolasa, qui avait considéré attentivement le Gallego.

— Ce n'est pas un homme, c'est un taureau, répondit Juan, vexé du regard que la jolie Andalouse avait jeté sur le passant.

Après quelques instants de silence, Nicolasa fredonna :

> Y el hombre chico no es hombre
> Que es apariencia nada mas,
> Garripata con calcones,
> Figura de Barraba (1).

(1) Et l'homme petit n'est pas un homme, ce n'est que

Juan comprit que Nicolasa se moquait de lui et faisait allusion à sa petite taille ; il chanta à son tour :

> Con esos cabellos rubios,
> Que te cuelgan por la espalda,
> Pareces la Magdalena
> Cuando por el mundo andaba (1).

Décidément Nicolasa ne voulait pas qu'on se moquât du Gallego, car lorsque Juan eut fini son couplet elle chanta en quittant le comptoir :

> Yo tenia un medio novio.
> Y lo heche en un plato fino
> Se lo comieron los gatos,
> Pensando que era tocino (2).

— Il me semble que nous sommes à l'Opéra! s'écria Cayetano ; il ne manque que l'orchestre. Juan, tu as vexé la petite ; tu as eu tort.

Revenons à Pepe qui cause avec Antonio.

— Petit, lui dit ce dernier, veux-tu m'acheter mon billet de loterie ?

— Et pourquoi ne veux-tu pas le garder?

— Je ne crois pas gagner. Mais si tu veux courir la chance, toi.

l'apparence d'un homme. C'est un insecte avec des culottes et une figure de Barabas.

(1) Avec ces cheveux blonds qui flottent sur tes épaules, tu ressembles à Magdeleine lorsqu'elle vivait en ce monde.

(2) J'avais un demi amoureux. Je le mis sur une assiette, et les chats l'ont mangé croyant que c'était un petit morceau de lard.

— Je comprends, reprit Pepe, tu as vu la liste, tu sais que tu n'as pas gagné et tu ne veux rien perdre.

— Que non. Je t'affirme que je n'ai pas cette dée là. Pour te le prouver, veux-tu me vendre le tien.

— Le mien? Je n'ai pas vu la liste.

— Que m'importe.

Pepe eut un instant d'hésitation entre la réalité des trois pecettes que lui offrait Antonio et le lingot hypothétique. Heureusement qu'il aperçut sur la porte de la charcuterie Nicolasa qui lisait la liste des numéros gagnants.

— Non, non, reprit-il, je ne vends pas mon billet.

Il quitta Antonio et marcha vers Nicolasa. L'athlétique montagnard tremblait en s'approchant d'elle.

— Señorita, dit-il, voulez-vous me permettre de voir.

— Très-volontiers, caballero, répondit Nicolasa. Pepe regarda la liste. Il s'appuya contre le mur il était pâle comme un mort.

— Qu'avez-vous? dit Nicolasa.

— Le gros lot... señorita. Il ajouta plus bas : Voulez-vous mon billet?

Il se trouva mal. Nicolasa appela son père.

— Le Gallego a gagné le gros lot, lui dit-elle.

— Quelle chance! reprit Cayetano. A-t-il le billet entier?

— Je n'ai qu'un huitième, balbutia Pepe à qui Nicolasa avait fait boire un verre d'eau-de-vie.

— Le gros lot était de 50,000 piastres ; le huitième cela fait 6,250 piastres ou 125,000 réaux (32,000 francs), ajouta Cayetano.

— Quelle chance, fit Juan. Tu vas retourner dans ton pays, l'ami, et tu seras un personnage important ; grand bien te fasse. Ce n'est pas à moi qu'il en serait arrivé autant.

— Ni à moi, fit Cayetano.

— Ni à moi, reprit Nicolasa.

— Señorita, vous avez un trésor de beauté. Vous êtes riche, vous aussi, dit Pepe, et il partit.

II

En retournant à la fontaine, où il reçut les féli-
citations moqueuses et jalouses de ses camarades,
Pepe trouva Antonio qui sanglottait et s'arrachait
les cheveux.

— Qu'as-tu donc? demanda-t-il au vieux commissionnaire.

— Petit, petit, répondit Antonio, j'ai perdu
mon billet.

— Vraiment?

— Oui. Que je suis malheureux! moi qui
comptais déjà retourner au pays, me reposer après
une vie de travail pénible, boire un peu de vin
après avoir bu tant d'eau. Il ne me reste plus qu'à
mourir péniblement sur un grabat. Voir la fortune
d'aussi près et ne pas pouvoir la toucher! Je me
serais bien passé de gagner le gros lot. Je me
serais contenté de quelques milliers de réaux qui
eussent été bien réellement à moi. Et, non, non,
pour tout ce que je voulais. Maudit soit Dieu, et
tous les saints, et...

— Laisse, laisse, interrompit Pepe ; c'est mal
d'insulter Dieu. Suppose que tu n'as pas mis à la
loterie.

— Tu es heureux; tu es riche; tu peux tout. Mais quand on est pauvre on ne peut rien, on ne peut même pas faire de suppositions. Tu es riche, tu as le cœur plus sec que le Manzanarès.

— Écoute, Antonio. J'ai gagné, c'est vrai ; mais je n'ai pas le cœur sec. Viens avec moi et tu verras.

— Que verrai-je?

— Avec quinze mille réaux serais-tu heureux ?

— Homme ! que dis-tu là ? Si je serais heureux ! Petit, tu as un noble cœur. Avec dix mille réaux je serais un richard au pays ; avec quinze mille je pourrais acheter la cathédrale de Léon. Quinze mille réaux, c'est ce que j'aurais voulu gagner.

Pepe et Antonio se rendirent au bureau de payement accompagnés d'une foule de leurs camarades. Les Gallegos, qui sont assez mal vus par le peuple madrilène, se prêtent toujours appui.

Pepe toucha son argent; mais au lieu de quinze mille réaux, il n'en remit que dix mille à Antonio qui ne pleurait plus.

— Petit, fit Antonio, c'est encore cinq mille réaux.

— Ne m'as-tu pas dit, répondit Pepe, qu'avec dix mille réaux tu serais plus heureux qu'un chanoine.

— Oui ; mais ne m'as-tu pas promis quinze mille réaux ; tu ne peux pas me les dérober ainsi.

— Te les dérober ! Mais tout n'est-il pas à moi. Je suis libre de ne pas te donner un réal.

— Non, puisque tu as promis.

— Pour Dieu ! je te donne cela ou rien.

— Je le prends ; va, va, ne t'échauffe pas. Ah ! ah ! pensa Antonio, la différence te coûtera plus cher que tu ne crois.

A la tombée de la nuit, Antonio se rendit à son tour au bureau de la loterie et reçut en échange de son billet la même somme que Pepe avait reçue. Le vieux commissionnaire n'avait pas perdu le moins du monde son billet, et il avait trouvé moyen d'escroquer dix mille réaux à son ami.

Pepe était obligé de payer à boire à ses collègues, les porteurs d'eau de la fontaine de la Montera. Il leur abandonna une certaine somme que l'on préféra se partager et mettre de côté. Pour lui, sans se mêler à ses camarades, il se rendit d'un pas lourd à l'église d'Atocha où se trouve une statue de la Vierge fort en renom dans tout le pays et que les rois d'Espagne entourent d'une dévotion particulière. Pepe paya au sacristain la somme de 200 réaux ou 50 francs pour deux cents messes basses. On lui offrit de traiter pour 300 réaux et cinquante messes hautes : il refusa ; la quantité vaut mieux que la qualité. Inutile de dire que toutes ces prières avaient pour but de se faire sinon aimer au moins accepter par Nicolasa.

En sortant de l'église, Pepe suivit la rue d'Atocha, traversa la *plaza Mayor* où se trouve une

maison de ville fort élégante ; il prit la rue de
Tolède , qui est le faubourg Saint-Antoine de
Madrid et renferme les genres de commerce les
plus variés et les plus extraordinaires qu'il soit
possible d'imaginer : c'est une véritable cour des
miracles où vivent les types les plus extraordinaires de la population la plus étrange. Mendiants
fantastiques, voleurs déguenillés, sorcières de
Macbeth, prostituées demi-nues, tout s'agite dans
le plus effroyable pêle-mêle : c'est le pays de
cocagne de la vermine et l'Eldorado de la saleté.
Entre des murailles blanchies à la chaux et qu'un
magnifique soleil rend resplendissantes, remuent
des êtres, hommes et femmes, d'une merveilleuse
beauté ou d'une laideur sans égale : il n'y a pas
de milieu. Des vêtements indéfinissables réunissent sur une robe, sur une veste, sur un
manteau, mille morceaux empruntés aux étoffes
de couleurs et de qualités différentes que la misère,
l'usage et la saleté recouvrent d'un même vernis
jaune foncé reluisant au soleil. Toute cette population, grâce à je ne sais combien de professions
ignorées ou non, parvient à vivre avec de l'eau,
du pain et des cigarettes. C'est là que le couteau
joue encore son rôle dans les relations quoti-
diennes. Aux jours de révolution, les quartiers du
bas de la rue de Tolède fournissent des bandes de
combattants, armés de tromblons, qui sont au
point de vue du pittoresque ce qu'on peut voir de
plus beau.

Pepe suivit la rue de Tolède jusqu'à trois cents mètres de son extrémité, puis tourna à gauche et s'engagea dans une petite impasse large de quatre mètres au plus et dont l'entrée était encore rétrécie par une fontaine, ce qui faisait qu'une seule personne pouvait y pénétrer à la fois. Ce n'était en réalité qu'un corridor étroit.

Un vieillard enveloppé dans un grand manteau de couleur amadou et accroupi par terre le long du mur tenait une guitare sur ses genoux. A dix pieds au-dessus de sa tête, une petite statuette de la Vierge dormait au fond d'une niche grillée. Le bruit des pas de Pepe réveilla le vieillard qui gratta les cordes de sa guitare et dit : *por la Virgen santissima !* Notre Gallego, avançant dans la rue, ne tarda pas à se trouver devant une maison dont la façade était ouverte, au rez-de-chaussée, par une porte bâtarde et une grande fenêtre grillée. La porte et la fenêtre étaient munies d'un rideau rouge qui arrêtait la vue. Devant la maison et dans la rue deux ou trois femmes étaient couchées par terre. Quel était l'âge de ces pauvresses ? il était impossible de le reconnaître. Leurs yeux mornes et éteints disparaissaient enfoncés sous les sourcils ; le nez effilé et pincé aux narines attestait la maladie. Un foulard couvrait à peine la poitrine aux tons de bistre. Chez toutes, la jeunesse était encore écrite dans la pureté des formes ; mais la peau était maculée de taches rouges ; les mains étaient amaigries. Ces traces d'un épuisement hâtif·

et ces formes juvéniles, ces lèvres saillantes et roses annonçaient des prostituées de la dernière espèce. La présence de Pepe arracha l'une d'elles à sa somnolence.

— Que veux-tu ? lui dit-elle.

— La mère est-elle à la maison.

— Oui.

Pepe souleva le rideau rouge de la porte et entra. La première personne qu'il aperçut fut le petit Juan couché par terre, sur une natte placée dans le coin d'une grande salle dépourvue de meubles. Pepe traversa cette première salle sans s'inquiéter de celui qui y était. Il frappa à une porte de bois, puis, sans attendre une réponse, leva le loquet et entra.

Compagnon lecteur, si tu m'as suivi jusqu'ici, tu iras plus loin, je l'espère; car tu es le plus grand flâneur imaginable et tu ne me quitteras pas au moment où tu vas voir apparaître des types bizarres sur lesquels je m'étendrai plus qu'il ne faudrait peut-être au point de vue de l'intérêt. Mais, nous sommes gens de qualité et je sais trop ce que je te dois pour me presser. Surtout, comme les mauvais chevaux, ne va pas prendre une allure trop vive quand il ne le faut pas et faire galoper les pages sous vos jolis doigts, *senora*, sous votre index, *caballero*.

La seconde pièce dans laquelle Pepe vient d'entrer, pour être plus petite que la précédente, n'en est pas pour cela beaucoup plus meublée. Sur les murs il n'y a qu'une guitare et une *penderetta* ou énorme tambour de basque ; au milieu de la chambre, une table supporte tous les objets nécessaires à la toilette, à la nourriture et au commerce des personnages suivants. Nous sommes chez des Bohémiens, des *gitanos*, voyageant autour du monde et pour le moment de passage à Madrid. Un grand gaillard, le fils de la maison, est étendu par terre sur un des deux mauvais grabats qui servent au coucher de la famille. Il dort, la tête cachée par les bras, et l'on ne peut distinguer sa figure : on ne voit que ses longs cheveux bouclés. En revanche, un rayon de soleil qui entre par une fenêtre vient éclairer complétement la face jaune de la mère, de Catalina, la vieille bohémienne, l'énorme femme qui laisse tomber sur ses grasses épaules décolletées, un Rubens jaune, les tresses grises de ses cheveux jadis d'un noir bleu. Catalina porte une courte jupe rouge et un corsage de la même couleur. Elle a sur les yeux une énorme paire de lunettes d'argent. Catalina prépare une potion qui lui a été demandée. Suivons le rayon doré du soleil qui éclaire aussi le visage et la poitrine d'une femme encore jeune, n'ayant pour tout costume qu'une robe ornée de volants et de couleur gris changeant. La robe n'est attachée qu'à la ceinture ; le devant est ouvert et laisse voir une poitrine admirablement faite, mais couleur terre de Sienne. Les seins sont nus ; le cou est entouré d'un collier de graines rouges ; des

boucles d'oreille en cuivre ornent cette tête, belle
d'horreur, animée par deux yeux d'un noir sinistre
et derrière laquelle des cheveux noirs aussi et
huilés tombent bouclés. Cette femme tient dans
ses bras un petit être de couleur safran qui est
complétement nu et tette avec appétit. Une petite
fille d'environ six ans, également nue comme la
main, est assise les jambes croisées sur un tambour de basque qui est plus large qu'elle. En face
de ces tons cuivrés, de ces couleurs de bistre, les
murs paraissent d'une blancheur éclatante et
chaque personnage se découpe plus nettement,
grâce au soleil; mais ce n'est pas tout. Au bruit
de la porte ouverte par Pepe, un sixième personnage s'est levé, c'est la seconde fille de Catalina,
une ravissante jeune femme de quinze ans, aussi
noire de peau que le reste de sa famille, mais
ayant des yeux plus grands que la bouche et des
sourcils longs d'un centimètre. La beauté et la
laideur des Bohémiens sont indéfinissables. Leurs
yeux ont un caractère de sauvagerie et de dureté,
tandis que parfois les traits du visage sont allan-
guis, efféminés. Ainsi de Mariquitta, un de ces
types qu'on rêve dans une sorte de cauchemard,
qu'on regarde plutôt qu'on ne désire, qui étonnent
plutôt qu'ils ne plaisent et dont on a peur quand
on croit à l'enfer. Mariquitta porte une jupe de
soie noire fort élégante ; les pieds et la jambe sont
nus. De toute la famille, elle seule a une chemise
assez blanche qui se ferme tant bien que mal sur

la poitrine, mais laisse les épaules à nu. Ses cheveux sont si noirs qu'ils réfléchissent la lumière. L'explication du luxe relatif de Mariquitta est dans ceci, qu'elle est vendue à terme fixé : elle a été achetée et payée à sa mère par M. le comte de ***. Sa famille la respecte. Le mari de Catalina, le père de Mariquitta, est allé vendre des chevaux à Séville. Catalina tire les cartes, dit la bonne aventure et tient une maison de prostitution. Le grand gaillard qui dort ne fait absolument rien et vit du travail de sa mère et de ses sœurs : c'est le Benjamin.

Si j'ai bien fait voir ce tableau, on doit comprendre le brusque contraste que produisit l'arrivée de Pepe, l'homme blond et athlétique, surtout en présence des formes nerveuses et maigres des Bohémiens.

— Salut, dit Catalina à Pepe.

— Salut la mère et toute la famille, répondit le Gallego.

— Que viens-tu chercher, reprit Catalina levant un regard perçant vers Pepe, que les gigantesques lunettes fascinaient ; est-ce la santé, est-ce l'avenir ?

— C'est l'avenir. Et surtout, mère, dites-moi tout ; je donnerai ce qu'il faudra.

— Fort bien. Commence donc par me dire le présent.

Pepe raconta en quelques mots son amour pour Nicolasa, et sans avouer qu'il venait de gagner le gros lot de la loterie, il dit qu'il avait hérité d'une certaine somme d'argent qui le mettrait dans l'aisance. Les Bohémiens ont une honnêteté relative et Pepe savait que de cette confession on ne profiterait pas pour lui demander un plus haut prix des prédictions qu'il allait entendre.

Pendant ce récit, le fils de la maison avait été réveillé et prié de sortir. Les deux jeunes femmes avaient apporté un verre et une bouteille et Catalina versa à Pepe quelques gouttes d'une boisson légèrement hallucinatrice. Le Gallego sentit les jambes lui manquer ; il s'assit la tête en feu. Les deux sœurs s'accroupirent à terre en tenant chacune un tambour de basque qui résonna sourdement sous leur doigt, en même temps que leur bouche entonnait une psalmodie mystérieuse. La petite fille frappait par moments deux morceaux de fer l'un contre l'autre et parfois jetait un cri aigu qui amenait un crescendo de la psalmodie. Un tapis placé devant la fenêtre interceptait la vue et laissait la chambre dans une sorte d'obscurité. Pepe était fort ému et son émotion grandissait chaque fois que Catalina dardait sur lui son œil éblouissant dont les lunettes d'argent rendaient le regard plus étrange.

On sait du reste que les Bohémiens ont la foi la plus grande en leur prédiction, et qu'eux-mêmes sont émus lorsqu'ils parlent de l'avenir.

Catalina prit les mains de Pepe et les examina longuement.

— Mon fils, ayez confiance, lui dit-elle ; vous vivrez longtemps et vous triompherez. Je le vois. Ayez confiance. Cherchons maintenant quels seront les obstacles que vous rencontrerez et dont j'aperçois de nombreuses révélations.

Des cartes furent étalées sur la table. Le carreau, le cœur, le pique et le trèfle des cartes françaises sont remplacés en Espagne par les *bâtons*, l'*or*, les *épées* et les *coupes*.

— A vous la richesse ! s'écria Catalina d'un ton emphatique ; ce sera votre arme contre votre rival, car vous en avez un et il porte l'épée. La lutte terrible s'engage ; ne faiblissez pas. Ici... là... toujours, à tous les instants. Attendez... attendez... Pour vous un danger terrible qui vous vient d'une coupe, d'un liquide. Méfiez-vous, votre adversaire est habile. Ici Catalina partit d'un éclat de rire inextinguible.

— Qu'y a-t-il ? demanda le pauvre Pepe plus mort que vif.

— Votre tête...

— Expliquez-vous, mère, répondit Pepe.

— Bien, bien, répondit-elle ; fils, je ne puis pas tout vous dire. J'ai fini.

La musique s'arrêta, le jour revint. Catalina tendit la main et reçut dix francs de Pepe qui s'en alla d'un pas lourd, sans s'apercevoir que Juan n'avait pas encore quitté la première salle et avait pu entendre la confession de son amour pour Nicolasa. Pepe était ivre d'émotion.

III

En effet, Juan avait tout entendu.

— Parbleu ! pensa-t-il, voilà qui est bien : j'ai fait d'une pierre deux coups, et ce qui sera peut-être profit pour les autres, sera certainement profit pour moi. Un rival n'est pas désagréable quand on est sûr d'en triompher. Pauvre petit éléphant, saint ange de Gallego, nous nous permettons de marcher sur mes brisées. Parce que nous avons quelques écus pris au gouvernement, nous ne doutons plus de rien. Innocent amoureux, tu ne sais pas que derrière la fille il y a le père, et que si tu plaisais à l'une il s'agirait encore de plaire à l'autre ; et cette seconde conquête, c'est moi qui l'ai faite.

— Ma colombe, ajouta Juan en se tournant vers la pauvre créature couchée près de lui, c'est donc bien entendu, demain soir nous serons libres.

— Le fils va conduire une troupe de chevaux à Tolède. Nous restons seules à la maison.

— J'arrive avec el Cabo ; tu appelles Mariquitta.

— Je ferme le verrou de la porte ; elle se trouve seule avec vous au milieu de nous.

— Vous vous mettez toutes à chanter à la fois, et ce qui doit être fait sera fait. La belle Mariquitta sera si bonne, si tendre, si aimable, que le lendemain el Cabo me donnera sa fille, et moi, je te donnerai l'isabellina (1) que je t'ai promis. Adieu, Cármen, ma petite Carmen de mon âme.

En ce moment, un bruit de sonnettes se fit entendre. Deux petits enfants de chœur, revêtus de robes à ramages plus grandes qu'eux, passaient dans la rue, tenant, l'un une clochette dont il tirait le plus de bruit possible ; l'autre, un tronc destiné à recevoir des offrandes.

— Tiens, tiens, le condamné à mort doit être exécuté demain, s'écria Juan, et l'on fait la quête pour dire des messes et sauver son âme.

— Juan, dit Carmen, prends ce realito (2), et donne-le pour moi à ces enfants.

Juan partit. Les enfants étaient déjà loin.

— Pardieu ! pensa l'Andaloux, le condamné trouvera plus de gens disposés à lui payer une messe, que je ne trouverai d'amis pouvant me payer un cigare.

Et il garda l'argent.

J'ai déjà dit que Cayetano Ramirez, le salchichero ou el Cabo, comme l'on voudra, était un homme à passions violentes et d'un naturel facilement amoureux. On comprend sans peine par quels moyens le petit Juan s'était insinué peu à

(1) L'isabellina vaut 5 douros ou 26 fr. 25 cent.
(2) Realito ou réal. 1 réal vaut 25 centimes.

peu dans ses bonnes grâces. Il jouait à l'égard d'el
Cabo le même rôle que la Pompadour vis-à-vis de
Louis le Bien-Aimé et veillait à ses plaisirs. Dans
une excursion à la calle de Tolède, Cayetano avait
aperçu la belle Mariquitta et en était devenu éperdument amoureux. Il s'était adressé à Catalina
et avait appris que la jeune fille était vendue. Je
le répète, il n'y a rien de plus bizarre que l'honnêteté des Bohémiens; ils ne se font aucun scru-
pule de conclure certains marchés qu'ils respec-
tent consciencieusement et qui renversent les
idées de morale les plus généralement acceptées.
Cayetano, dans l'embarras, avait imploré sa providence ordinaire, Juan. Il existait une sorte de
convention entre ces deux hommes : Juan se mettait à la disposition du salchichero à condition que
celui-ci lui donnerait sa fille. Seulement le rusé
compère, lorsqu'il avait obtenu ce qu'il désirait,
n'exécutait jamais la convention. Juan se consolait, car il était assez intelligent pour savoir
qu'avec de la patience on arrive à tout; il faisait
la cour à la nonchalante Nicolasa. Si elle me demande à son père, celui-ci ne me refusera pas,
pensait-il. Mais Nicolasa avait été tellement habituée à être courtisée par plusieurs amoureux,
qu'elle ne pouvait pas se décider à choisir. Elle
causait et riait avec Juan, lui permettait quelques-
unes de ces familiarités qui seraient monstrueuses
en France et qui ne signifient rien en Espagne.
Mais c'était tout.

.Les choses en étaient là lorsque el Cabo rencontra Mariquitta, et demanda aide à Juan, qui se promit de ne donner Mariquitta que pour avoir Nicolasa.

— Mariquitta, disait Juan, mais c'est la plus ravissante fille de tout Madrid ; le comte de *** l'a payée son pesant d'or... Et de plus, c'est impossible.

— Je l'aime tant, répondait Cayetano.

— C'est impossible, reprenait le petit Andalou d'un ton fat, c'est impossible : elle est amoureuse de moi.

Cayetano pleurait.

— Ne vous désolez pas, reprenait Juan ; c'est tout simplement pour vous dire que vous me demandez le sacrifice de mon bonheur personnel, de mon amour-propre, de mon honneur même. Savez-vous que tout cela est beaucoup.

— Juan ! Juan ! mon cher Juan ! s'il le faut, je te donnerai ma fille.

— Il y a déjà si longtemps que vous me l'avez donnée pour la première fois, que...

— Je te jure, sur la statue de saint Thomas, qui est au coin de la calle del Lobo, que Nicolasa sera ta femme si Mariquitta est à moi ! Veux-tu de l'argent ?

— Donnez toujours, et puis nous verrons.

— Je te ferai mon héritier ; je te donnerai ma boutique.

— Assez ! assez, grand Dieu ! Voulez-vous donc

enlever tout le mérite à ma générosité? Suis-je donc marchandise qu'on achète? Allez, el Cabo, un ami ne s'est jamais en vain adressé à moi. Je vous cède Mariquitta. Donnez-moi deux cents réaux.

— Tiens, les voilà. Viens que je t'embrasse!

— Laissez, laissez, que je reste maître de moi. Mon cœur est déchiré comme le manteau du bien-heureux saint Martin. Comptez sur moi.

Cette fois, l'affaire était sérieuse. Le salchichero prévint Nicolasa que probablement elle deviendrait l'épouse de Juan. La jeune sévillane apprit cette nouvelle avec assez d'impatience. Certes, Juan ne lui déplaisait pas. Cependant, depuis qu'elle avait aperçu le beau porteur d'eau blond, ses idées avaient un peu changé. Cette diable de couleur blonde, assez rare en Espagne, avait charmé la brune Nicolasa, qui avait été surtout troublée par cette phrase mystérieuse que Pepe lui avait dite au moment où le plaisir de gagner le gros lot le faisait se trouver mal : Voulez-vous mon billet? N'était-ce pas assez dire : Je vous aime! je vous donne mon cœur et ma fortune. Avec ce gros lot, Nicolasa pourrait s'habiller à sa guise ; quitter la mantille et porter un chapeau à l'instar de Paris ; aller avec ledit chapeau, dans une loge superbe, au nouveau théâtre de la Zarzuela, l'Opéra-Comique espagnol, fort en vogue alors. Porter un chapeau, aller au spectacle, est le rêve de toutes les Espagnoles de classes inférieures. Triste manie, je parle de la première, les Espagnoles sachant aussi mal porter le chapeau que les Françaises se coiffent mal de la mantille. Nicolasa était donc fort soucieuse, et pensait autant à Pepe que Pepe pensait à elle.

Le pauvre Gallego, au sortir de chez la bohémienne, revint tristement, sentant en sa tête penchée s'agiter mille idées, mille désirs que la boisson magique n'avait pas peu contribué à lui donner. Il était presque nuit. Au moment où il allait rentrer au logis, il aperçut une double file de sacristains portant des cierges allumés et marchant autour d'une voiture de remise : c'était le saint-sacrement qu'on portait à un malade. Se croyant coupable pour avoir été consulter les païens, les Arabes, il s'esquiva pour n'avoir pas à s'agenouiller. Il tourna la rue, et s'engagea dans l'impasse où il demeurait. Quel ne fut pas son effroi en voyant que le cortége le suivait.

— Heureusement, se dit-il, ma maison est la dernière de la rue.

Mais à peine arrivait-il au bout du corridor qui menait de la porte à l'escalier, que les sacristains et leurs cierges entraient dans la maison. Pepe gravit les degrés au galop. Il logeait tout en haut, avec dix ou douze de ses camarades. Et le saint-sacrement montait toujours. En pénétrant dans la salle commune, Pepe trouva ses camarades entourant le vieux commissionnaire, Antonio, qui avait été écrasé par une voiture, et était sur le point de rendre le dernier soupir. Le cortége entra, et l'assistance s'agenouilla. Antonio se confessa. Pepe était en proie à une vive inquiétude.

— Pourvu qu'il me laisse les dix mille réaux qu'il n'a sans doute pas dépensés ! songeait Pepe.

Antonio, lorsqu'il eut communié, appela près de lui son compatriote et lui dit :

— Enfant, pardonne-moi. Je t'ai volé, et je t'ai trompé. Je n'avais pas perdu mon billet, et Dieu m'a puni : je vais mourir. Dans la doublure de mon chapeau, tu trouveras ce que tu m'as donné et ma part du gros lot. A toi tout cela, et prie pour moi.

Il mourut. Pepe se trouva donc possesseur de 64,000 francs, un beau denier pour tout chrétien et surtout pour un porteur d'eau.

Le pauvre garçon était bien sincèrement amoureux. Chez les êtres dont l'intelligence n'est pas développée, le premier terme d'aspiration est la beauté plastique, dont les intelligences supérieures, plus difficiles, ne veulent pas séparer la beauté morale. La beauté a une valeur éducationnelle : elle attire à elle ; mais si elle ne s'aide pas de la raison, elle fait passer d'une exagération à une autre. Dieu me pardonne ! je crois que j'ai parlé sérieusement.

Après s'être fait raser à l'ombre (1), le lende-

(1) Autour de la fontaine de Cybèle, près du Prado et sur quelques autres places, s'établissent des perruquiers

main matin, Pepe se rendit chez un tailleur, son compatriote, qui vendait des habits tout faits. Inutile de dire que ce sont en général des exportations de France, où l'on fabrique, à côté de ce qu'il y a de mieux, tout ce qu'il y a de plus ridicule.

Le Gallego s'habilla des pieds à la tête. Son pantalon, plus ou moins jaunâtre, était couvert de dessins représentant l'histoire de Paul et Virginie. Un gilet de pluche cerise, avec transparent jaune, jurait avec un habit bleu à boutons d'or. Un chapeau gris complétait cet habillement, que le porteur d'eau crut séducteur, et qui lui donnait la plus singulière physionomie du monde. Il eut la douleur de ne pas trouver de gants qui pussent le ganter.

Ainsi accoutré, Pepe se rendit directement chez le salchichero. C'était un dimanche ; la boutique était pleine. Cayetano était absent. Nicolasa restait seule. Elle eut peine à reconnaître Pepe dans cet élégant cavalier, qui demanda une tasse de chocolat et des buñuelos. Heureusement qu'il n'avait pas modifié ses cheveux, dont quelques soins extraordinaires faisaient valoir la beauté.

Nicolasa fut flattée en comprenant qu'elle était la cause de cette toilette recherchée, qui plaça Pepe assez haut dans son estime. Celui-ci attendit patiemment qu'il se trouvât seul un instant avec

en plein vent qui rasent pour 2 sous au soleil et pour 3 sous à l'ombre. *Duos cuartos al sol, tres à la sombra.*

12.

elle pour s'approcher du comptoir et lui dire d'une voix entrecoupée :

— Señorita, c'est à vous que je dois la première nouvelle du bonheur que j'ai eu à la loterie ; voulez-vous recevoir ceci ?

Et il remit à Nicolasa, confuse, un peigne en écaille et en or qui lui avait coûté près de cent francs. La jeune fille ne savait que répondre. Pepe marmottait quelques paroles confuses. Les deux jeunes gens étaient fort embarrassés, lorsque parut Cayetano, qui ne reconnut pas *l'éléphant de porteur d'eau* dont il voulait se débarrasser la veille.

Nicolasa, reprenant les choses depuis le commencement, rappela avec volubilité les événements du jour précédent, et montra le cadeau qui venait de lui être fait.

— C'est de l'or vrai, voyez-vous ! dit Pepe.

— Caballero, répondit Cayetano en mettant le chapeau à la main, ma fille et moi, nous ne savons si nous devons accepter...

— Puisque je vous l'offre, reprit l'aguador d'un ton étonné. Caballero, dit-il à son tour, je voudrais vous parler aussi d'autre chose.

— Et de quoi donc ? Mais asseyez-vous.

— Asseyez-vous, vous-même.

— Non, merci ; vous êtes mon hôte. Je vous écoute.

— C'est que, voyez-vous, je suis amoureux de votre fille, et puis je suis riche, très-riche : j'ai deux cents mille réaux à moi! et voulez-vous me la donner pour femme, si elle y consent?

En entendant ces mots, el Cabo ouvrit les yeux et la bouche. Il tombait du ciel.

— C'est sérieusement que vous parlez, n'est-ce pas, caballero? fit-il.

— Si, caballero.

— Certes, je...

Le consentement expira sur ses lèvres. Juan venait de paraître sur la porte. Les quatre personnages pâlirent. Juan, d'un regard, comprit ce qui se passait. Il s'avança vers Cayetano, et, se penchant à son oreille :

— Ce soir, Mariquitta sera à vous. N'oubliez pas votre serment!

— C'est bien, répondit el Cabo.

— Mais, je ne voudrais pas troubler votre entretien avec ce caballero, reprit Juan à haute voix.

— Non, non, vous ne nous troublez pas. L'affaire est trop importante pour être faite en un jour. Caballero, continua le salchichero en s'adressant à Pepe, je suis confus des offres que vous me faites; mais c'est demain seulement que ma fille et moi saurons ce que nous allons décider. Pour Dieu! vous n'allez pas nous quitter ainsi sans que nous buvions quelque petit verre d'anisette de Bordeaux. Nicolasa, sers-nous.

— Demonio! s'écria Juan en s'adressant à Pepe, vous êtes aussi bien mis qu'un Français, señor

Gallego, et cet habit vert doit vous sembler moins lourd à porter que votre tonneau.

— Où sont donc vos petits chiens? demanda Pepe.

Juan ne répondit pas. Il était loin de s'attendre à cette question. La conversation assez froide se termina bientôt par le départ de Pepe.

— Señorita, dit Juan à Nicolasa, vous aurez ce soir une magnifique sérénade. Si vous saviez combien je vous aime, vous n'écouteriez pas ce lourdeau d'aguador qui vous écraserait si, par malheur, il lui arrivait de vous toucher. Vous, la perle! vous, la reine des belles! que dirait-on si l'on vous voyait au bras de cet énorme mammifère? Vous aimez rire, et quand il parle les vitres tremblent; s'il riait, la maison tomberait. Vous aimez danser, et la Giralda de Séville danserait mieux que lui. Sait-il jouer de la guitare? Pourrait-il improviser un couplet en votre honneur, lui qui parle à peine l'espagnol, lui ce vilain ours de Gallice.

— C'est vrai, répondit Nicolasa.

— Ne suis-je pas votre futur du consentement de votre père.

— Si.

— Eh bien! laissons-là ce tonneau, ajouta Juan d'un ton enjoué.

— C'est pour ce soir, n'est-ce pas? demanda Cayetano à voix basse.

— Elle vous attend, reprit Juan.

— Nicolasa sera ta femme, va ! et elle t'aimera.

Nicolasa répondit oui à voix basse ; la pauvre fille ne savait lequel préférer. Pepe était blond et riche ; Juan était gai, il lui plaisait : c'était la vie espagnole, la folie, la jeunesse. Etrange alternative. L'un la séduisait, l'autre l'attirait. Elle eût voulu l'un et l'autre. Quant à Cayetano, il etait lui aussi dans la plus singulière perplexité et il rêvait au moyen d'avoir tout à la fois et Mariquitta et un gendre riche. Quant à Juan, épouser Nicolasa c'était épouser la boutique du salchichero et voir son existence assurée, et certes il en avait bon besoin.

Nicolasa, sur le soir, se revêtit de ses plus beaux habits, mit le peigne de Pepe dans ses cheveux et attendit l'heure de la sérénade après laquelle Cayetano et Juan devaient partir pour leur expédition nocturne inconnue de tous.

Oh! la belle nuit d'été. Le ciel où se balançait le croissant de la lune était éblouissant de clarté et les étoiles filaient et disparaissaient comme dans un gigantesque et éternel feu d'artifice. La lumière de la lune tombant sur les maisons peintes en rose, en bleu et en jaune, donnait naissance aux couleurs les plus légères et les plus harmonieuses. La fontaine de la calle de la Montera, débarrassée de sa grappe d'*aguadores*, murmurait la joyeuse chanson de l'eau qui clapote, la romance aux notes argentines. Une moitié de la rue disparaissait dans une ombre épaisse, tandis que l'autre moitié

reluisait gaiement. Je ne sais quel charme mystérieux la nuit et la clarté des étoiles et de la lune
donnent à tous les objets qui nous entourent. La
laideur disparaît pour faire place à une bizarrerie
étrange, à de mystérieux fantômes dont on croirait entendre les voix inconnues, dont on surveille
les allures nouvelles. La réalité commence et le
rêve apparaît, et le rêve suprême n'est-il pas
l'amour ?

Nicolasa, accoudée sur son balcon, songeait elle
aussi et guettait impatiemment l'arrivée de la
sérénade que Juan lui avait promise. Sur les onze
heures et demie le silence de la rue, que ne
troublaient plus le pas des amoureux attardés et
marchant serrés l'un près de l'autre, lui permit
d'entendre un bruit de guitare qui peu à peu se
rapprocha. Une bande d'hommes entra dans la
calle de la Montera qui retentit aux accents d'une
musique bruyante. Juan, l'amant chef d'orchestre, fit arrêter sa troupe sous les fenêtres de
Nicolasa, et pendant une heure on joua pour elle
les airs les plus nouveaux et les plus anciens. Tous
les voisins s'étaient mis aux fenêtres. Les femmes
demi-nues et cachées derrière les *cortinas* étaient
jalouses de celle qui recevait un tel honneur (1).
Juan chanta seul les deux couplets suivants :

> Asi que nos casemos
> Nina adorada,
> Te llevare a la corte
> Del rey de Francia

Cuando te vean
Se moriran de invidia
Diez mil francesas.

Cuando salgamos juntos,
Juntos del brazo,
Se pararà la gente,
Abriendo paso,
Diran à grito
Ella que seductora
Y el que bonito (1).

Cayetano offrit à boire aux musiciens, et après un dernier morceau, Nicolasa ayant jeté un bouquet de fleurs à Juan, on se sépara. Cayetano partit avec l'Andalou, et le *sereno*, resté seul dans la rue, poussa son cri bizarre : **Es la una y sereno**. Il est une heure et le temps est beau.

Le *sereno* est un gardien de nuit qui est muni d'une lance et d'une lanterne. Tous les quarts d'heure, il chante l'heure qu'il est et le temps qu'il fait. Comme les portiers sont rares en Espagne, c'est le sereno qui en fait l'office. Il a les clefs de toutes les maisons; que d'histoires il sait. Pour lui la nuit n'a pas de secret. Son cri, chaque fois que l'horloge sonne, se fait entendre dans toute la ville et va dire l'heure à

(1) Quand nous nous marierons, ma petite adorée, je t'emmènerai à la cour du roi de France; en te voyant dix mille Françaises mourront d'envie.

Quand nous sortirons unis, unis par le bras, les passants s'arrêteront. Immobiles, il s'écrieront : Comme elle est séduisante et comme il est joli.

tous les endormis réveillés pour un instant. Il y a des serenos dans toutes les rues principales.

De *serenos* en *serenos*, Juan et Cayetano arrivèrent jusqu'à la rue vers laquelle nous avons déjà conduit le lecteur à la suite de Pepe. Juan frappa doucement à la porte de la maison des Bohémiennes. Carmen vint ouvrir.

— C'est vous, Juan? demanda-t-elle.

— Oui, c'est moi et el Cabo, répondit-il.

Ils entrèrent. Juan apprit avec plaisir que le fils de la maison était parti depuis le matin.

— Saint Barabbas nous protége! Va appeler Mariquitta.

Carmen obéit. Quelques instants se passèrent avant que Mariquitta ne parût.

La salle dans laquelle de graves événements vont se succéder est assez grande, on se le rappelle. Aucune lumière ne l'éclaire ; dans cinq ou six lits rangés le long des murs reposent les malheureuses filles que nous connaissons. Catalina, la bohémienne, habite avec sa famille la seconde pièce qui n'est séparée de l'autre que par une porte.

Mariquitta entra.

— Qu'y a-t-il? demanda-t-elle en faisant quelques pas dans l'obscurité.

Carmen se glissa derrière elle et ferma la porte au verrou. Elle répondit à voix basse :

— C'est un caballero qui désire te parler.

Oui, señorita, un amoureux éperdu, dit

Cayetano ; un amoureux qui donnerait tout au monde s'il avait quelque chose pour pouvoir effleurer de ses lèvres votre main charmante.

— Laissez-moi, reprit vivement Mariquitta ; vous savez que je ne suis pas libre, que je ne m'appartiens pas, que je suis vendue.

— Un seul baiser vous fera-t-il moins belle et moins digne d'être désirée ?

— Laissez-moi, vous dis-je.

Cayetano, qui depuis quelques instants avançait les bras dans l'obscurité, rencontra la taille de Mariquitta qu'il serra fortement.

Un cri terrible retentit, poussé par la jeune bohémienne.

— Au secours ! cria-t-elle. Mère ! mère !

Pendant qu'une lutte corps à corps s'engageait, Catalina ainsi que sa seconde fille, réveillées, avaient voulu se précipiter dans la salle d'où étaient partis les cris, mais elles trouvèrent la porte fermée. Alors d'un commun effort les deux femmes s'élançant contre la porte la firent sauter en éclats. Mariquitta se débattait dans les bras de Cayetano et de Juan qui était venu au secours de son ami. Catalina et sa fille se mêlèrent au groupe, et dès lors commença une étrange mêlée. En voyant que l'affaire était perdue, les autres femmes s'étaient rangées du parti de leur maîtresse et les deux compagnons couraient grand risque d'être mis en morceaux.

Juan se retira d'entre les combattants, alluma

une allumette et puis une bougie qu'il avait mise en sa poche par excès de précaution.

— Au nom de la sainte Vierge, de saint Joseph, de saint Apapacio et de tous les saints, dit-il, avant de s'égorger il faut voir qui l'on est. Voici de la lumière, expliquons-nous et ne faisons pas trop de bruit, de peur que les serenos ne nous conduisent au Saladero (1). Et d'abord, très-illustres señoras, donnez-moi un peu d'air à ce pauvre Cayetano que vous tenez là comme un sac de blé sur lequel on s'asseoit pour faire une partie de *tressillo* (2).

Juan parlait si gaiement que Catalina relâcha Cayetano et mit ses lunettes sur son nez pour mieux écouter, non toutefois sans avoir appelé el Cabo brigand! voleur de filles!

— Voilà-t-il pas beaucoup de bruit pour bien peu de chose, continua Juan. Deux bons garçons ont éventré une outre de vin de Valdepeñas et ils sont d'humeur joyeuse, un peu plus amoureux qu'il ne faudrait, mais qu'importe! cela mérite-t-il qu'on les dépèce comme un agneau pascal. Pour Dieu, ils sont trop maigres. Vous vous trompez, doña Catalina, ce n'est pas encore l'heure de les mettre à la broche avec cette grande barre de fer que vous tenez en main, et vous, belles dames, laissez là toutes les banquettes de vos lits, nous n'en sommes pas encore à allumer le feu.

(1) Le Saladero est la prison de Madrid.
(2) Jeu fort usité.

— Enfin, qu'est-ce que tout cela signifie? demanda la vieille bohémienne.

— Cela signifie que le caballero, ajouta Juan en montrant el Cabo, a été pris d'un accès d'amour pour votre fille et qu'il lui a demandé plus qu'elle ne peut donner. Il s'est trompé ; il le reconnaît et voudrait le plus promptement retourner à son domicile avec votre serviteur qui s'empresse de lui ouvrir la porte que vous laissez libre.

— Maintenant, mesdames, permettez-moi de vous présenter mes excuses et de vous souhaiter de finir la nuit aussi bien que vous l'avez mal commencée, ajouta el Cabo.

C'est ainsi que les deux amis firent leur retraite et tirèrent leur pauvre corps d'un danger assez sérieux.

— Petit, dit Cayetano à Juan, demande-moi ce que tu voudras ; tu m'as sauvé la vie, et je ne l'oublierai pas.

— Je ne ferai que vous rappeler votre promesse de me donner votre fille.

— Certes je t'avais promis de te donner ma fille, mais à condition que la belle Mariquitta... et tu as vu que nous avons été heureux d'en sortir.

— Votre peau vaut bien Mariquitta.

— Elle est si vieille et si usée; sans compter qu'il y a bien quelques trous faits par des couteaux. C'est vieille étoffe de laine, tandis que l'autre est satin.

— N'importe ! Vous avez juré.

— Oui; mais si tu aimes ma fille, tu dois vouloir son bonheur. Eh bien, que dirais-tu si je te prouvais qu'elle sera plus heureuse avec un autre.

— Je dirais que ce n'est pas la peine d'en faire l'essai; parce que s'il ne réussissait pas, vous le regretteriez doublement pour elle et pour moi.

— Nicolasa a été demandée en mariage par un homme puissamment riche.

— Oui, je sais; le comte du Tonneau, *marques de la Montera de Gallicia* (1).

— Et sais-tu bien qu'un peu d'argent ne me ferait pas de mal.

— Ni à moi non plus, ni à la Reine, ni aux saints du paradis pour faire arranger leurs églises; mais cela ne prouve pas que vous n'ayez pas juré.

— Je ne te dis pas que Nicolasa ne sera pas ta femme.

— Alors, que dites-vous donc ?

— Je te dis de revenir demain matin savoir ce que j'aurai décidé.

Après qu'ils se furent quittés, Cayetano rentra chez lui. Quoiqu'il fût près de deux heures et demie du matin, il ne se coucha pas, se rendit dans la chambre de sa fille qu'il réveilla pour lui dire :

— Ah çà ! qui te plaît le plus de Pepe ou de Juan ?

(1) Marquis du bonnet de Gallice.

— Celui que vous voudrez , mon père, répondit Nicolasa.

— Fort bien : je te parle de cheval, tu me réponds taureau ; nous ne nous entendons pas. Qui veux-tu épouser? Pepe ou Juan?

— Je ne sais pas.

— Ni moi non plus et c'est pour cela que je te le demande. Va, n'aie pas peur ; parle franchement. Je le vois bien ; c'est ce sans-le-sou de Juan qui t'a ensorcelée avec ses romances et sa sérénade de ce soir. Je reconnais qu'il ne manque pas d'esprit, d'intelligence ; mais c'est le plus grand flâneur du monde ; il n'a pas d'argent. Mais, puisque tu le veux, il sera ton mari.

— Mais je ne le préfère pas à Pepe ! s'écria la jeune fille.

— Que ne le disais-tu, plutôt que de me laisser faire la soupe dont tu ne veux pas manger. Tu aimes mieux Pepe, je comprends cela. Les femmes aiment mieux les hommes qui s'habillent bien : Pepe a de l'argent ; il s'habille à la française. De mon temps, ce n'était pas la mode ; voilà tout. Tu seras riche et bien vêtue : c'est un plaisir que je comprends. Va pour Pepe ; je le préfère, puisque tu l'aimes mieux.

— Mais, père, je ne vous ai pas dit que je voulais de lui.

— Veux-tu pas épouser l'empereur de Russie ou le grand-turc? Il faut cependant que tu te décides pour Pepe ou pour Juan. Si tu es trop incertaine, joue à pile ou face, mais ne me laisse pas ainsi parler pour les étoiles. Crois-moi, prends Pepe et la richesse.

— Et que deviendra Juan? qui m'égayera? qui me donnera des sérénades? me chantera des chansons?

— Alors choisis Juan... et la gaieté.

— Oui ; mais Pepe est un si beau blond ; il a de si beaux cheveux. L'argent, je m'en passerais s'il n'en avait pas ; mais puisqu'il en a, pourquoi ne pas en profiter.

— Écoute, Nicolasa, voilà une heure que tu me mets des fusées dans la tête, que tu me jettes une phrase par-ci, une phrase par-là. Je suis fou et alourdi comme un taureau qui a reçu dix coups d'épée. Tu ne veux pas te décider...Non... et bien, bonne nuit. J'aimerais mieux avoir soixante mules à conduire que de chercher à savoir ce que tu penses... Caramba !

Le lendemain matin Pepe, en grand uniforme, se présenta à la boutique. Juan ne tarda pas non plus à arriver. Il avait un fort joli pantalon noir, une veste de drap, une cravate rouge et un petit chapeau. Autant le costume de Pepe était ridicule, autant celui de Juan était élégant. Mais pour Nicolasa tous les deux étaient pleins de charmes. Peut-être encore préférait-elle celui de Pepe, parce qu'en Espagne comme en France on trouve toujours plus joli ce qui vient de l'étranger.

—Señores, dit Cayetano aux deux compétiteurs,

vous voyez l'homme le plus irrité qu'il soit possible de trouver de Madrid à Séville. La señorita Nicolasa n'a pas encore fait son choix. Elle consent à vous mettre tous les deux sur la liste de ceux qu'elle préfère. Vous y êtes en fort bonne compagnie : le grand-mogol, le sultan, l'empereur de Russie s'étant déjà fait inscrire. Je ne puis que vous promettre une égale protection, car ma chère femme m'a fait jurer de ne jamais violenter sa fille. Ainsi, généreux chevaliers, entrez dans la lice et disputez-vous la main de noble et puissante dame Nicolasa, qui pour le moment nous fera l'honneur de donner à boire à ceux qui vont trinquer avant de se battre.

Les Espagnoles ne rougissent que dans les grandes occasions : d'ordinaire l'émotion les fait pâlir ; la belle Nicolasa devint couleur citron.

— Je comprends, pensa Juan, on ne peut pas renvoyer brutalement ce pauvre Gallego et ses trésors. On veut l'éconduire peu à peu et donner un caractère de spontanéité à ce qui est déjà mesure bien arrêtée.

— Sainte Vierge ! se dit Pepe, l'argent fait son effet ; mais compère Cayetano ne veut pas avoir l'air de céder à l'appât des écus. Il se peut que je ne plaise pas encore à la Nicolasa ; mais à force de me voir au soleil de l'or, elle me trouvera de son goût.

On le voit, Juan ne doutait pas d'être aimé pour lui-même, tandis que Pepe n'avait d'autre confiance que dans ses écus. En outre, une crainte terrible, insurmontable le tourmentait, le dominait, l'empêchait de dormir pendant la nuit et de faire la sieste pendant le jour. Les prédictions de Catalina sur les périls que courait sa tête l'assaillaient avec d'autant plus de force que la nature du danger lui était complétement inconnue. Et pourquoi cet éclat de rire fantastique après lequel Catalina avait réfusé de parler? Un homme d'une éducation recherchée voit son imagination, frappée par de telles sornettes, inventer les cauchemars les plus terribles; mais Pepe, plus ignorant et par conséquent moins nerveux, se contentait le matin de regarder si sa tête était bien à la même place. Le brave Auvergnat espagnol avait acheté une petite glace, et lorsque quelqu'un le fixait trop attentivement dans la rue, il tirait son miroir et voyait s'il était resté le même. Il fit faire des têtes de cire et les suspendit à tous les autels de la Vierge. Chaque matin il allait se faire raser et coiffer, c'était un moyen d'étudier sa propre physionomie et de s'assurer de son intégrité. Les dangers qu'encouraient sa tête ne lui faisaient point oublier Nicolasa, et s'il croyait à la seconde partie de la prédiction, il ne doutait pas davantage de la première qui lui promettait le succès.

— Si mon rival plaît, pensait Pepe, c'est qu'il est alerte, gai, ingénieux, et cela fait passer par-dessus sa pauvreté. Chercher à l'écraser par mon argent, ce serait donc, au contraire, le rendre plus intéressant. Il faut habituer Nicolasa à se servir de ma fortune sans lui faire voir que je l'achète.

Ce n'était pas trop mal raisonné. Aussi fut-on fort étonné chez Cayetano lorsqu'on vit, deux jours après, Pepe venir s'établir marchand d'eau claire devant la salchicheria de la calle de la Montera. Le costume élégant à la mode de France avait été serré précieusement par le Gallego, qui y avait substitué un pantalon et une veste noire. Il avait placé devant lui un tablier blanc et mis sur sa tête, sur ses blonds cheveux, un petit chapeau andaloux. Le commerce d'eau claire est fort répandu à Madrid, et voici en quoi consiste le premier établissement : une petite table de zinc et de cuivre de cinquante centimètres carrés supporte quatre grands verres qui, à la demande des passants et moyennant deux centimes, se remplissent de l'eau fraîche contenue dans un grand vase appelé *botijo* et fait d'une terre molle qui permet à l'humidité de traverser l'épaisseur du vase et de maintenir ainsi la fraîcheur de l'eau. Une assiette et quelques gâteaux secs et sucrés composent le reste des objets nécessaires.

Placé avec sa boutique ambulante devant la grande boutique de Cayetano, le Gallego pouvait donc surveiller tout ce qui se passait. Il savait ainsi le nombre et la durée des visites que Juan, plus intime que lui dans la maison, venait faire à Nicolasa. Aux heures de chaleur et de sieste, lorsqu'il ne passait personne dans la rue, Pepe s'avançait timidement vers la jeune fille restée seule, et lui exposait lourdement, mais naïvement et patiemment, toute l'affection qu'il avait pour elle. En vain Juan avait essayé d'obtenir l'éloignement de ce lézard qui se chauffait le long du mur, comme il le disait. Mais Nicolasa avait refusé, et Juan avait compris enfin qu'il s'agissait d'une véritable rivalité. Pepe, de son côté, après quinze jours passés, avait vu que Nicolasa ne se donnait pas à lui, et par conséquent n'avait pas encore de préférence. Parfois cependant il surprenait la jeune fille lançant sur lui, et particulièrement sur sa tête, des regards passionnés. Cela l'inquiétait et le charmait tout à la fois. Mais sa tête, diable de prédiction, va ! Pepe ne se doutait pas qu'il avait de très-beaux cheveux.

Chez les femmes assez ignorantes l'affection, ou plutôt le désir, résulte souvent de la séduction exercée sur elle par le moindre des objets. Un beau pantalon a perdu bien des femmes en France comme ailleurs, et je n'ose parler des ravages que certaines cravates, certains faux-cols ont amené dans la moralité de la plus sérieuse. La chevelure n'est-elle pas une des plus belles parties du corps humain. Tous ceux qui ont aimé de beaux cheveux comprendront bien l'amour de Nicolasa.

IV

Lorsqu'arrive le mois de juin, la moitié élégante des habitants de Madrid part pour l'étranger et la campagne. Il ne reste plus dans la capitale que les gens du peuple, les employés, les vieillards, les hidalgos qui ne veulent pas quitter l'Espagne et se font traîner dans leurs vieilles voitures attelées de deux mules à longues oreilles. Les étrangers arrivent, la course de taureaux a lieu tous les huit jours; on boit beaucoup et il fait très-chaud.

Tous les théâtres ferment. Il n'y a plus qu'un théâtre d'été, où l'on fume dans la salle même rafraîchie par une fontaine et son jet d'eau. Au reste, le théâtre est moins fréquenté que la promenade et les cafés qui sont de véritables lieux de réunion.

Le jour de l'ouverture du théâtre d'été, Pepe commença la lutte contre son rival en apportant un billet de spectacle : il avait loué une loge magnifique. Nicolasa fut au comble de la joie et passa la journée à organiser un splendide costume. Les femmes espagnoles sont d'une coquetterie outrée; aussi faillit-elle devenir folle lorsque sur le soir une modiste lui remit un superbe chapeau de femme, de mode française et de couleurs rouge et jaune. On n'avait pas vu Pepe depuis midi, c'était assez dire quel était l'heureux donateur. Cayetano ne prit pas la chose aussi bien. Porter chapeau français, c'était renoncer aux habitudes espagnoles, c'était blesser ce vieil amour du pays et de ses coutumes qui reste au fond de quelques cœurs andaloux. Juan, à qui Cayetano fit part de son embarras, protesta vivement contre une telle apostasie et osa même représenter à Nicolasa qu'elle serait moins belle ainsi qu'avec une simple mantille.

— Est-ce donc à dire que je suis laide, répondit-elle ; plus laide qu'une française, et que je ne pourrais pas porter cette parure sans cesser d'être jolie. Vous êtes un égoïste, Juan. Parce que ce chapeau ne vient pas de vous, dois-je donc le refuser? Je le mettrai ! quand même la reine me le défendrait et quand même il serait laid; parce qu'il me vient d'un homme que j'aime.

Cayetano n'avait jamais imposé sa volonté à Nicolasa et il ne voulut pas commencer à faire de l'autorité à propos d'un chapeau lorsqu'il s'était tu au sujet d'un mariage. Juan s'en alla la rage dans le cœur, bien décidé à se venger de quelque manière que ce fût de la ridicule préférence accordée à son rival. Le plus joli, c'est que Nicolasa décida son père à acheter un chapeau noir, le tuyau de poêle classique qui fait trop de progrès en Espagne.

Pepe vint à la tombée de la nuit chercher le père et la fille. Le trio fut complet, et jamais plus bizarre assemblage n'égaya les passants. Qu'on se figure Nicolasa revêtue d'une robe blanche à volants et d'un châle de soie brodé jaune sur noir. Le malheureux chapeau rouge et jaune brochait sur le tout. Pepe avait repris le costume dont il a été parlé plus haut et qu'il avait exhumé pour la solennité du jour. Quant à Cayetano, le pauvre père était en proie à un violent mal de tête causé par son chapeau, qu'il portait pour la première fois et qui le serrait étrangement.

Nos trois personnages firent leur entrée dans la salle au milieu d'un chuchottement général. Cayetano et Pepe, peu habitués à manœuvrer leur chapeau, l'écrasèrent plus de dix fois. Nicolasa étouffait de chaleur et voyait avec dépit que tous les regards attirés par sa jolie figure se terminaient par un sourire moqueur causé par son chapeau. Les rires devinrent même si accusés que la jeune fille fut obligée de l'ôter ; des applaudissements retentirent : Nicolasa était pâle de honte. Pepe ne comprenait pas et ne pouvait s'expliquer les regards de panthère qu'elle lui lançait. Cayetano ne soufflait pas mot, mais la sueur d'impatience perlait sur son front. Ce qui acheva de le mettre dans un état de rage muette impossible à décrire, c'est qu'il aperçut Mariquitta assise avec une autre femme à quelque distance de lui. Il voulut aller lui parler, mais son chapeau était déchiré et c'était s'exposer à une ridicule réception. Sa rage augmenta encore lorsqu'il vit Juan aller faire sa cour à Mariquitta, lui offrir son bras à la sortie et partir avec elle, ce qui eut encore cet autre résultat d'exciter la jalousie de Nicolasa.

Bref, la soirée se passa fort désagréablement, et Pepe n'en eut pas plus les honneurs que Nicolasa. Cayetano et sa fille lui en voulurent d'être cause de leur ridicule exhibition, et il fallait que l'amour de ses cheveux blonds fût bien fort pour que Juan n'ait pas triomphé. Ce jour-là, les écus de Pepe ne valaient plus qu'un sou pièce; aussi lui fit-on mauvaise figure lorsqu'il parut le lendemain à la boutique. Juan au contraire fut fort bien reçu et, quoi qu'on ne parlât pas de la soirée de la veille, le silence général prouva que personne ne l'avait oubliée. A partir de ce jour, Juan mit à la mode un nouveau proverbe : *Es una noche de sombreros :* c'est une nuit de chapeaux, pour exprimer un moment d'ennui.

— Dieu me bénisse ! seigneur Juan, fit Nicolasa; je ne savais pas que vous aimiez autant les amandes brûlées.

— Qu'est-ce à dire ?

— Crois-tu donc que nous ne t'avons pas vu parler à cette bohémienne, fit Cayetano.

— C'est une señorita de mes amies, fit Juan d'un air dégagé qui mit fin à ces questions.

Le pauvre Pepe comprenant bien qu'il se passait quelque chose d'extraordinaire, profita d'un moment de solitude pour s'informer auprès de Nicolása de ce qu'il en était. La jeune fille lui dépeignit les souffrances de son amour-propre. Pepe se montra assez tendre, et lorsqu'il demanda la permission de réparer sa faute, elle lui fut accordée complaisamment. Deux heures après, Nicolasa recevait une magnifique mantille de dentelles blanches.

— Ce garçon a plus d'esprit que je ne lui en croyais, se dit Cayetano. Il a même beaucoup d'esprit, ajouta-t-il quelques instants après à la vue d'une magnifique caisse d'excellents cigares offerts par le Gallego.

Inutile de dire que ce fut Juan qui en fuma la plus grande partie en faisant force plaisanteries sur le costume du pauvre Pepe, plaisanteries dont tout le monde riait y compris Nicolasa.

Somme toute cependant l'affaire ne marchait pas. Juan était trop pauvre pour prendre l'offensive, et il savait bien que l'argent est le nerf de la guerre. Comment en avoir? En emprunter : mais la dette est une inquiétude morale. En gagner par une spéculation adroite : ce projet lui souriait. Mais qui perdrait cet argent? Son rival, pardieu! et Juan dansait de joie en songeant à la combinaison suivante :

L'Espagne est riche en mines de toutes espèces, mais on lui en a prêté beaucoup plus qu'elle n'en a.

La découverte de quelques filons amena il y a dix ans la formation de compagnies dont les actions payées dix francs valent aujourd'hui cinquante mille francs. On comprend combien de têtes une pareille chance a fait tourner, combien de compagnies se sont créées, les unes possédant des filons effectifs, les autres composées d'imbéciles auxquels on extorquait de l'argent en leur présentant quelques échantillons d'une mine qui n'existait pas. Voici le procédé employé généralement pour la création d'une compagnie minière. Cinquante ou soixante pauvres diables se partagent cent ou deux cents actions qui donnent droit à payer deux francs cinquante par mois. Avec trois cents francs de fonds de roulement on veut exploiter la mine et on n'exploite que les actionnaires, toujours victimes de quelques fripons. Trois mois après, on apprend ou que la mine n'existe pas ou que les travaux ne sont pas commencés ; l'argent est toujours disparu.

Un soir Juan arriva chez Cayetano les poches remplies de grosses pierres. Il réunit Cayetano, Nicolasa et Pepe.

— Nous serons bientôt puissamment riches, leur dit-il, et voici de l'or. Pour le moment, il est à l'état de plomb argentifère, mais il ne demande qu'à changer de costume et c'est nous qui devons lui servir de femme de chambre et le déshabiller.

Il leur raconta qu'un paysan de ses amis, habitant la Sierra do Gador, province de Grenade, avait obtenu du gouvernement la concession d'une mine dont le minerai était d'une richesse incalculable. Malheureusement le paysan n'avait pas de ressources pour faire commencer l'exploitation ; il était donc dans la nécessité de vendre son privilége, ce qu'il offrait de faire au prix de mille douros (cinq mille francs).

— Nous ne sommes pas assez riches, continua Juan, pour acheter le privilége à nous cinq. Mais si au lieu d'être cinq, nous nous mettons vingt ou trente, l'affaire sera possible. Nous commençons les travaux qui n'exigeront pas plus de deux mille réaux (cinq cents francs) par an. Notre fortune est faite. Mais il faut nous dépêcher avant que l'affaire soit éventée, parce que quelque gros capitaliste achèterait la mine à lui seul. Créons une compagnie industrielle ; en réunissant nos amis nous en viendrons à bout.

Pepe avait écouté en silence le discours de uan : la cupidité ne s'éteint jamais dans le cœur d'un Auvergnat ou d'un Gallego. Le nôtre ne répondit rien ; il prit seulement un des minerais. Cayetano demanda à réfléchir jusqu'au lendemain. Juan avait parfaitement vu l'impression produite par ses paroles sur Pepe, et il n'eut garde de refuser le délai. On se sépara fort émus.

Pepe courut chez un pharmacien et le pria de faire l'analyse de la pierre. Cette analyse donna les plus beaux résultats. Le plomb était magnifique, peu chargé de galène, de bonne consistance et de séparation facile. Le lendemain, lorsque les quatre associés se trouvèrent réunis, Pepe demanda à Juan s'il n'y avait pas possibilité de voir le paysan propriétaire de la mine. Juan, qui avait prévu le coup, courut chercher un grand gaillard auquel il avait tracé son rôle.

Le complice de Pepe donna des renseignements magnifiques. Le filon était presque à fleur de terre ; une rivière navigable coulait à quelque distance de la mine. On fit sortir le paysan.

— J'achète la mine, dit Pepe d'une voix tremblante. Cayetano et Nicolasa le regardèrent avec envie.

— Fort bien, répondit Juan ; mais c'est à une condition.

— Laquelle ?

— Vous me donnerez cinq actions et 100 douros (500 francs) de commission.

— Bien, fit Pepe.

— Et moi ? dit Cayetano.

— Señorita, ajouta Pepe, vous me permettrez de vous offrir deux dixièmes, et à vous, señor Cayetano, un autre dixième de la mine qui prendra le nom de la Nicolasa.

— Bravo ! s'écrièrent les trois obligés.

Le paysan remit un titre obtenu je ne sais comment et provenant d'une vieille affaire. Il fut convenu qu'il allait retourner au pays avec une somme de 200 douros et faire commencer les travaux.

Trois jours après Juan se trouvait à la tête de 6,000 francs ; Pepe était possesseur d'un morceau de papier. Cayetano et Nicolasa admiraient la générosité du Gallego et espéraient la fortune.

— C'est encore une manière d'acheter ma femme, pensa Pepe qui, on le voit, poursuivait son idée.

Quelques jours après ces derniers événements Juan arriva à la salchicheria avec plusieurs toreros de ses amis.

—Señorita, dit-il à Nicolasa, je viens déposer à vos pieds une humble demande. Ces caballeros et moi nous avons résolu de combattre quelques taureaux et nous venons vous prier de présider notre fête.

— C'est trop d'honneur, répartit la jeune fille.

— L'honneur nous revient, répliqua Juan. Ne craignez pas au reste de trop vous ennuyer en voyant de pauvres amateurs comme nous s'exercer contre les malheureux taureaux que don Justo Hernandez (1) veut bien nous donner. *El Tato* (2) a promis de venir tuer un taureau. *Regatero* et *Cuco* poseront quelques paires de *banderillas* (3). Enfin votre serviteur fera ce qu'il pourra et même plus pour que le taureau dont la mort lui est con-

(1) Don Justo Hernandez est un des premiers propriétaires de taureaux d'Espagne.

(2) *El Tato*, jeune espada chéri des femmes ; *Cuco, Régatero* sont célèbres dans toute l'Espagne.

(3) La *banderilla* est une baguette pourvue d'un fer bar-

fiée ne le prive pas à tout jamais du bonheur de vous voir.

Pour cette fois Nicolasa rougit et son cœur battait avec violence deux heures après le départ de Juan et de ses camarades.

La course de taureaux est encore la passion des Espagnols. Le magnifique et grandiose spectacle qui émeut tellement les Français, qu'après avoir regardé cet amusement comme sauvage ils ne peuvent plus s'en passer, est toujours un grand événement. On ne travaille guère le lundi qui est jour de course. Outre les grandes représentations publiques ou *travaillent* jusqu'à ce qu'ils soient *inutilisés*, deux mots consacrés, les toreros les plus illustres, il y a de petites réunions d'amateurs où l'on tue quelques taureaux. C'est Mme la duchesse de Medina-Celi qui préside le plus souvent ces fêtes *d'aficionados* (amateurs), mais elle était absente de Madrid lorsque Juan organisa ce spectacle en l'honneur de Nicolasa; aussi fut-ce à cette dernière, qu'à force d'argent et d'intrigue, on finit par décerner la présidence. Au reste, Nicolasa, en bonne Andalouse, avait l'habitude et l'expérience de ces sortes de spectacles; c'est ce qui explique l'honneur exceptionnel dont elle fut l'objet et qui la combla de joie.

belé, entourée de papier découpé, que l'on pique dans le dos du taureau. C'est le deuxième acte du drame, qui commence par les *picadores* et se termine par les *espadas* ou *lidiadores*.

Le jour de la course, qui devait commencer à cinq heures du soir, Juan et sa *quadrille* vinrent chercher la jeune fille et son père. Pour tout ce qui va suivre, je suppose connu le costume des toreros et les principaux épisodes d'une course. Je renvoie ceux qui n'ont pas idée de ce spectacle aux descriptions de M. Théophile Gautier.

Nicolasa, vêtue d'une robe de soie rose et de sa mantille blanche, donna le bras à Juan qui portait un superbe costume bleu et argent emprunté à l'un de ses amis. Les deux jeunes gens montèrent dans une *calessine*. La calessine, sorte de cabriolet jaune assez hétéroclite ressemblant au corricolo napolitain, est traînée par un cheval impossible, conduit par un cocher assis sur le brancard. Sur la caisse de la voiture sont peintes des scènes d'amour. Les autres toreros montèrent dans les quatre ou cinq calessines qui suivirent la première. Le cortége partit au galop, escorté par une foule de gamins, et traversa tout Madrid pour se rendre à la place des Taureaux. Nicolasa, en but à tous les regards, jouissait de son triomphe, et Juan pensait en lui-même que celui-là est bien près de réussir qui prend une femme par l'amour-propre. La belle jeune fille fut placée avec son père dans une loge élégante qui ne tarda pas à être envahie par quelques jeunes gens du monde désireux de faire la cour à la belle reine. Au signal donné par elle, il faut le dire, deux ou trois

mille personnes placées sur les gradins l'applau-
dirent à son entrée avec la plus grande émotion.
Tous les toreros alignés vinrent s'incliner devant
elle et prendre ses ordres. La course commença
avec ses chances diverses. Les amateurs n'étaient
pas de première force et les taureaux se défen-
daient assez bien. Juan ne travaillait pas encore
et Nicolasa répondait aux galants propos qui lui
étaient adressés de tous les côtés. Au deuxième
taureau, ce fut le tour de Juan de poser les banderillas. Il s'élança, mais il ne fut pas heureux ; un
cri s'éleva de toutes parts : le taureau l'avait
attrappé par le fond de son pantalon et le faisait
tourner ; puis d'un coup de tête l'envoya retomber
sain et sauf à quelques mètres. Nicolasa avait été
vivement émue et elle sentit qu'elle aimait plus
Juan qu'elle ne le croyait. Ce dernier, jaloux de
réparer par un succès sa mésaventure de tout à
l'heure se couvrit de gloire en tuant le taureau
d'un seul coup d'épée. Ce fut pour Juan un beau
triomphe. Nicolasa lui jeta son bouquet de fleurs ;
les hommes lancèrent leurs chapeaux. On le couvrit de cigares, de cigarettes. Nicolasa l'aima
lorsqu'elle vit le triomphateur venir s'incliner
devant elle et lui remettre son épée. Cayetano
était également tout fier et disait : C'est mon gendre. Il semblait s'attribuer une part de la gloire.

La course s'acheva sans autre incident. Tato tua
son taureau d'une estocade un peu courte et un
peu basse, mais bonne au demeurant.

Ce fut le plus beau triomphe et la plus belle journée de Juan ainsi que de Nicolasa, qui en rentrant au logis devint soucieuse lorsqu'elle aperçut l'œil bleu et la chevelure blonde de Pepe qui l'attendait sans dire mot. Le pauvre Gallego voyant tous ces visages en fête se retira la mort dans l'âme, commençant à croire à l'inutilité de ses efforts.

Nicolasa l'aurait vu partir avec regret si Juan le triomphateur n'était pas arrivé au même instant, portant à la boutonnière le bouquet de Nicolasa. Il salua son rival d'un air protecteur.

— Señorita, dit Juan, le señor Cayetano veut que mon bonheur soit complet aujourd'hui, et m'assure que vous voulez bien enfin me permettre de croire à votre consentement.

— Mon père va plus vite que je ne voudrais, Juan. Cependant je mentirais si je vous disais que je ne vous aime pas. Mais...

— Mais, quoi? demanda Juan d'un ton plaintif.

— Mais j'aime aussi Pepe.

— Ce n'est pas possible.

— Vous ferez votre cour plus tard, señor espada! s'écria Cayetano. A table !

On mangea comme on mange après une course de taureaux, après une émotion vive. On but en proportion tous ces vins généreux de couleur dorée que le soleil donne à l'Espagne. Deux heures après l'on était fort gai, fort content. Avec la permission de Cayetano, Nicolasa et Juan partirent pour faire un tour de promenade. Cela est dans les mœurs espagnoles, et les femmes savent trop bien se faire respecter pour craindre de voir forcer leur volonté. Cependant il y avait ceci de grave que Nicolasa et Juan se tutoyaient. La jeune fille était ivre de son triomphe de la journée. Elle se laissait aller à aimer celui qui l'avait faite reine pour quelques heures.

— Ecoute, Juan, lui disait-elle, en se penchant sur son bras, je t'aime bien ; mais je ne puis pas dire que je t'aime tout à fait. Il y a un homme qui exerce sur moi le plus singulier empire, c'est Pepe.

— Voilà qui est étrange.

— Tu ne vas pas te moquer de moi.

— Que non.

— Eh bien, il a sur moi une mystérieuse influence à laquelle je ne puis me soustraire.

— Pour Dieu ! tu vas me faire croire que Pepe est magicien.

— Non, mais il est beau, plus beau que toi et je t'aime mieux, c'est vrai ; cependant regarde jusqu'où va ma folie : il m'ordonnerait maintenant de te quitter que je lui obéirais.

—Voilà une manière d'aimer fort extraordinaire et je ne sais vraiment pas si nous devons continuer notre promenade.

— Tu ne me comprends pas, Juan. Tu ne vois donc pas que je voudrais que tu me débarrasses de cet homme.

— Le tuer! Demonio! où allons-nous!

— Qui te dit de le tuer. Fais lui perdre toute influence sur moi, et je serai à toi.

— Et où prend-il sa force, ce Gallego maudit! Serait-ce dans sa langue? mais il ne parle pas. Dans son élégance? mais il est aguador et c'est tout dire.

— Tu n'as donc pas remarqué ses cheveux d'or, qui semblent être de la soie la plus riche et la plus fine.

— Veux-tu pas que je lui coupe les cheveux, maintenant.

— Non, ils repousseraient. Et cependant tant qu'il les aura, je l'aimerai. Je ne te voudrai pas pour époux.

— Écoute, Nicolasa; tu te moques de moi. Si tu m'aimais, tu ne songerais pas à ces sornettes. Dis-moi que tu l'aimes mieux, cela sera plus franc.

— Eh non! je ne l'aime pas, te dis-je. Je n'aime que toi. Il y a des choses que les hommes ne comprennent pas. Débarrasse-moi de ces cheveux et je serai ta femme, je te le jure.

— Je finis par croire ce que tu me dis et cependant je m'explique moins que jamais... Enfin! je tâcherai. Pour me prouver que tu me dis la vérité, donne-moi un baiser.

Le baiser donné l'on rentra.

— On a beaucoup parlé des folies des femmes, se disait Juan en rentrant chez lui; mais voilà

certes la plus étrange qui soit jamais passée dans
un cerveau féminin. Je vous demande un peu et
même beaucoup, ce que peuvent avoir de commun
les cheveux de Pepe et l'amour que Nicolasa a,
dit-elle, pour moi. Si je croyais à la magie, je ne
serais pas rassuré le moins du monde et m'éloi-
gnerais de Nicolasa comme d'un diablesse. Et
comment diable empêcher que Pepe ait les cheveux blonds! Pardieu! en les teignant, me direz-
vous; mais comment faut-il s'y prendre pour en
arriver, non pas à ce qu'il se les teigne lui-même,
mais à les lui teindre moi-même.

Juan s'endormit fort tourmenté par cette étrange
fantaisie.

Je ne sais si ce caprice paraîtra à ma chère lec-
trice plus étrange encore, mais je me contenterai
de lui demander si elle n'a jamais éprouvé un
sentiment analogue à celui de Nicolasa ; si elle n'a
pas été amoureuse de tels yeux, de telle bouche,
de tel nez. Et vous, monsieur mon lecteur, n'est-ce
pas pour un nez retroussé que vous fîtes tant de
folies, pour une chevelure superbe que vous per-
dîtes la raison, pour une main que vous eûtes un
duel, pour une bouche que vous avez passé bien
des nuits sans dormir. Et lorsque cette personne
vous parlait, vos regards n'étaient-ils pas fixés tout
particulièrement sur cet œil, ce nez, cette bouche,
ces cheveux qui seuls vous plaisaient, mais vou
plaisaient démesurément, passionnément, folle-
ment. Et cependant, lecteurs et lectrices, vous vous

êtes laissés aller à votre impression, vous avez rêvé tout au moins la possession de votre caprice, tandis que Nicolasa prie celui qu'elle aime de la débarrasser de cet objet de tourment, ce qui sauve ma responsabilité et prouve sa franchise.

Mais, *virgen santissima*, la chose n'est pas commode.

Pepe venait toujours à la boutique de Cayetano, mais pour y être témoin des marques de préférence que Nicolasa accordait à Juan, et pour être témoin du dépit que sa présence inspirait. Il remarquait avec inquiétude que sa tête était l'objet d'une attention soutenue de la part du petit Andaloux qui, sous un prétexte et sous un autre, ne le quittait plus. Si Pepe eût abusé du mystérieux pouvoir de ses cheveux, Nicolasa eût été sa femme depuis un mois, mais le Gallego comptait sur son argent. A force de cadeaux il créait une magnifique garde-robe à la jeune fille.

— Il y aurait bien un moyen, pensait Juan, ce serait de me teindre les cheveux; mais j'arriverais peut-être à une nuance ridicule, qui n'atteindrait pas le merveilleux blond de cet éléphant. Un éléphant blond! a-t-on jamais vu cela? Il n'y en a qu'un dans le cours des siècles, et il vit en **1856**! et il est mon rival préféré!

Et il s'attachait aux pas de Pepe, cherchant toujours un moyen de lui teindre les cheveux. En attendant l'occasion, il exploitait indignement le stupide Gallego, lui extorquait de l'argent pour l'exploitation de la mine, ou bien le menait aux combats de coqs qui sont fort goûtés à Madrid, et lui gagnait nombre d'écus, grâce à de frauduleux paris. Cayetano s'étonnait bien de ne pas voir sa fille se prononcer et déclarer Juan l'heureux vainqueur ; mais il se croyait possesseur d'une fortune, car il regardait comme un trésor les dix actions de la Santa-Nicolasa sur le compte desquelles Juan ne l'avait pas désabusé.

Juan, poursuivant l'exécution de ses sombres projets, se rendit chez un premier parfumeur et lui demanda une teinture pour ramener au noir des cheveux devenus blancs ; puis il se rendit chez un second perruquier et lui raconta qu'une de ses sœurs avait une fort belle chevelure plus ou moins rouge et qu'elle désirait la rendre noire. On lui donna un second flacon de teinture. Chez un troisième coiffeur, il demanda de quoi ramener à la couleur blonde des cheveux gris. Il mélangea les trois flacons.

— S'il a encore un seul cheveu blond après cela, je ne saurai plus comment faire, dit-il. Restait la mise à exécution.

Un soir, Pepe était resté à la salchicheria avec Juan et Nicolasa. Cayetano était allé à la recherche de quelque nouvelle Mariquitta. On parla beaucoup ; on but encore plus. Juan ne cessait d'exciter Pepe qui ce soir-là se trouvait de fort bonne humeur. Nicolasa lui parlait de la Gallice.

— Vive Dieu ! s'écria-t-il, la Gallice, c'est le

premier pays du monde. Pas un Gallego qui ne soit de grande noblesse ; pas un qui ne mériterait d'être riche et aimé de la plus belle femme de la terre, comme vous, señorita, qui êtes la plus belle des belles !

— L'on ne sait seulement pas danser en Gallice, répondit Nicolasa.

— Pas danser, señorita ! Mais n'avez-vous jamais dansé la gallegada ? Quelle danse merveilleuse ! Un entrain, une gaieté qui vous enivre, vous rend fou de bonheur.

— Pepe, demanda Nicolasa, dansez-nous la gallegada.

— Oh ! señorita...

— Je vous en prie.

— Peut-on vous refuser... Et puis vous allez voir une jolie chose.

Et Pepe se mit à danser. Juan à tout instant lui versait à boire. Pepe ne tarda pas à être gris, complétement gris. Il roula par terre presque mort. Personne n'était dans la boutique. Avant que Nicolasa eût le temps d'appeler ou de rien empêcher, Juan approcha du Gallego qui avait perdu connaissance, il versa sur sa tête le contenu du flacon.

— Voilà quinze jours que je le suis avec cette maudite bouteille comme un traître de mélodrame suit sa victime.

Juan regarda la chevelure du Pepe.

— Sauvé ! señorita, s'écria-t-il. Voyez, ses cheveux sont devenus bleus. Juan acheva son crime, releva Pepe, lui mit son chapeau sur la tête et le fit transporter à son domicile.

Trois jours après cet événement, Juan épousait Nicolasa. Quant à Pepe, on n'en entendit plus parler.

V

Lorsque Pepe s'était réveillé le lendemain matin et avait vu la couleur surnaturelle de ses cheveux, il avait été terrifié par la réalisation de la prophétie de la bohémienne, dont il comprit le rire jusqu'alors inexpliqué et à laquelle il courut demander de nouveaux conseils. La vieille Catalina lui conseilla de partir pour son pays, de se raser et de se frotter la tête avec une eau merveilleuse qu'elle lui vendit un prix fou. Au bout d'un an, revenez me voir, ajouta-t-elle, et je vous donnerai les moyens d'obtenir celle que vous aimez.

La jalousie du moment n'existe pas chez les intelligences inférieures : pourvu que l'avenir leur promette le triomphe, elles ne se révoltent pas contre celui de leur rival. Sans plus s'occuper de Juan, Pepe partit pour la Gallice, où nous l'y laisserons pour quelques instans.

Le bonheur de Nicolasa et de Juan, si tant est qu'il exista, ne fut pas de longue durée. Cayetano ne tarda pas à s'apercevoir que son gendre était un fripon, qu'il avait volé Pepe, et par conséquent lui-même, puisque les actions de la Nicolasa n'avaient aucune espèce de valeur. Nicolasa défendait quelque peu son mari, mais elle ne l'estimait pas. L'histoire des cheveux teints avait été sue de Cayetano, et s'il l'avait pardonnée ou à peu près, c'est qu'il en avait ri. Quand au bon Gallego. il n'avait jamais pu savoir quel était l'auteur de l'attentat commis sur sa chevelure. Certes, il soupçonnait Juan, mais il ne l'accusa pas, craignant de se mettre sur le dos de mauvaises affaires. Sur ces entrefaites, la révolution de 1856 éclata. O'Donnell, après trois jours de lutte, triompha de la garde nationale et devint le chef du gouvernement. Juan, compromis dans l'émeute, fut obligé de fuir ; il se réfugia à Aranda.

— Le nourrir ici ou le nourrir là-bas, c'est la même chose, disait Cayetano, encore avons-nous le bonheur d'être débarrassé de son inutile personne.

En effet, Juan, depuis son mariage, n'avait voulu rien faire. Il passait ses journées au soleil, sa soirée à boire, et la nuit à courir, non plus avec Cayetano dont une récente volée de coups de bâton avait tempéré l'ardeur ; mais en compagnie d'autres chenapans comme lui. A Aranda, il vécut avec un peu d'argent que sa malheureuse femme lui faisait passer en secret ; car le commerce de Cayetano ne marchait pas, et le mariage au lieu de le soulager n'avait fait qu'augmenter ses charges. Quant à Juan, il entra dans cette fameuse garde nationale d'Aranda qui, officiers en tête et en grand uniforme, arrêtait les diligences et dépouillait les voyageurs. Après un séjour de cinq à six mois à Aranda, il s'engagea dans la bande des frères Hierros qui « travaillait » aux environs de Burgos et dévalisait les malles-postes chargées d'argent et de pierres précieuses.

Les frères Hierros sont avec Villalain, el Estudiante et quelques autres, les principales figures de bandits espagnols de la seconde moitié de ce siècle. El Estudiante, qui travaillait sur les bords de l'Èbre, est retiré maintenant à Bordeaux avec une assez jolie fortune. Il ne manquait pas d'une certaine générosité, et plus d'une fois un pauvre voyageur se fit rendre les écus dont il avait un indispensable besoin. Les frères Hierros ont reçu une éducation assez complète. L'un d'eux est venu en véritable gentilhomme visiter l'exposition de 1855. Ils n'étaient cependant pas d'humeur fort douce. Je ne sais si l'on se rappelle l'histoire des diamants de Mme de Montijo. Un pauvre courrier d'ambassade fut couché en joue cinq ou six fois ; la malle-poste brûlée. Généralement les bandits espagnols ont de fort bonnes manières. Toujours masqués et enveloppés de grands manteaux, ils arrêtent la diligence, demandent au conducteur telle caisse sur le contenu de laquelle ils sont édifiés, et parfois offrent des rafraîchissements aux voyageurs. Parfois aussi ils les dépouillent, et malheur aux récalcitrants et à ceux qui n'ont pas d'argent sur eux, ils reçoivent des volées de coups de bâton. En Andalousie, près d'Ecija, les bandits,

par un singulier caprice, coupaient un morceau
de l'oreille de ceux qui passaient entre leurs
mains. La gendarmerie, trop peu nombreuse, se
conduit admirablement, et dans toutes les rencontres de terribles combats s'engagent; mais ses
efforts sont impuissants. Les environs de Madrid
sont dangereux; on vole et on se bat souvent. J'ai
vu rapporter des cadavres couchés sur le dos de
pauvres petits ânes, et la sanglante procession traversait Madrid.

Juan ne passa que trois mois dans la bande des
frères Hierros, car ceux-ci firent leur soumission.
Ils furent reçus *à indulto*, et comme leur brigan-
dage avait été couvert du voile de la politique, les
deux frères reçurent le titre et la solde de colonel
en non activité, et firent leur entrée à Burgos à la
droite et à la gauche du capitaine-général de la
province.

Juan revint à Madrid et menaça Cayetano d'enlever sa fille, comme il en avait le droit, s'il lui
refusait l'argent dont il avait besoin pour vivre.

Je laisse à penser la tristesse qui régnait dans
la maison. On regrettait Pepe du fond du cœur :
Cayetano au point de vue de l'argent, et Nicolasa
au point de vue de la tranquillité. Juan était craint
et détesté; il avait une puissance occulte sur la
plupart de ceux qui composaient la clientèle de la
salchichería de Ramirez, et il lui eût été facile de
ruiner son beau-père s'il n'avait pas préféré l'exploiter et vivre à ses dépens.

— Père, père, voilà Pepe ! s'écria un jour Nicolasa, placée, selon son habitude, au comptoir, en apercevant le Gallego qui, plus blond que jamais, se présentait sur le seuil de la boutique.

— Moi-même, señora, répondit-il.

Cayetano accourut. On s'embrassa ; on se raconta les événements qui étaient survenus depuis le départ. Pepe écouta tout avec le plus grand sang-froid.

— Mais il me semble, dit-il, que cette vie là ne peut pas durer.

— J'ai vieilli de soixante années depuis six mois, reprit Cayetano ; je ne suis plus qu'une mince ficelle sur le point de se rompre.

— M'aimez-vous un peu, señora, demanda Pepe.

— Oui, dit Nicolasa en baissant les yeux.

— Voulez-vous vous en reposer sur moi du soin de faire votre bonheur ?

Nicolasa, par une retenue facile à comprendre, ne pouvait pas dire oui.

— Par la Sainte-Trinité, et pour la première fois de ma vie, je prends ta place, Nicolasa, et je dis oui.

Pepe était devenu plus beau ; ses yeux étaient remplis d'expression, et il semblait avoir conscience de la force dont ses membres puissants étaient doués. L'air du pays, la réflexion l'avaient profondément modifié, et Nicolasa sentit renaître en elle cet entraînement qui jadis lui faisait préférer Pepe.

Notre Gallego se mit à la recherche de Juan, qu'il trouva dans un cabaret en train de vider une bouteille de vin de Cariñeña. Il le prit vivement par le bras et lui dit :

— Écoute, Juan, nous avons quelques affaires à régler ensemble ; prends la peine de m'entendre.

— Mais je ne vous connais pas, moi, fit Juan de l'air le plus naturel.

—Est-ce parce que j'ai coupé mes cheveux que tu avais teint en bleu ? Mais laissons cela ; il s'agit de bien d'autres choses. Tu m'as volé mille ou douze cents douros. La Santa-Nicolasa n'existe pas. D'un mot je puis t'envoyer devant la justice, et je suis assez riche pour te faire condamner à la peine que je voudrai. Mais ce n'est pas cela que je veux. Je viens te proposer un marché : je te donne la liberté, si tu consens à me vendre ta femme.

— Dites-moi vite votre prix, que je sache si je dois me fâcher ou non, répondit Juan, qui se rassura en voyant la tournure que prenaient les choses.

— Fixe le tien.

—Si je n'avais pas un pressant besoin d'argent en ce moment, je vous apprendrais qu'on ne se moque pas ainsi d'un Andaloux, et que quoique l'on soit petit on n'a pas peur de votre taille d'Hercule. Deux mille douros serait-ce trop ?

— Je t'ai dit de fixer toi-même la somme.

— Trois mille.

— Est-ce ton dernier mot?

— Va pour trois mille.

— Accepté. Misérable ! s'écria Pepe, tu ne t'étais même pas informé si ta femme et ton beau-père avaient consenti à ce marché. Heureusement qu'ils m'ont autorisé à faire tout ce qui sera nécessaire pour les debarrasser de toi.

— Et quand me payerez-vous? demanda Juan.

— Aussitôt que tu m'auras signé un papier timbré portant renonciation à tous tes droits sur ta femme.

Juan alla chercher du papier timbré, écrivit sous la dictée de Pepe et signa de sa main.

— Voilà donc que je retrouve ma liberté. Vrai Dieu, cher Gallego, tu me sors d'un mauvais pas, car je ne savais plus quoi faire de ma femme. Je suis libre enfin, et je puis aller en Afrique m'engager dans les zouaves, ce qui est pour le moment mon rêve.

— Si tu vas en Afrique, ce ne sera qu'au bagne (1).

— Et l'argent, où est-il?

— Voilà deux mille douros. Quant au troisième mille, je te l'ai déjà donné à l'époque de la fondation de la *Nicolasa*.

— Mais c'est un vol, s'écria Juan. Ne t'es-tu pas engagé à payer trois mille douros?

(1) Les *présides* ou bagnes espagnols sont situés sur la côte d'Afrique.

15

— Aimes-tu mieux la côte d'Afrique, répliqua Pepe.

— Je me vengerai, murmura Juan, et cette fois je ne te teindrai pas les cheveux, mais je te tuerai.

— Prends garde à toi, repartit le Gallego, et au moment où nous soldons nos comptes, ne me rappelle pas que je te dois encore quelque chose et que je suis en train de payer.

— Un éléphant ne peut pas tuer une mouche.

— Que saint Jean te garde.

Et en disant ces mots, Pepe montrait l'énorme gourdin qu'il avait en main.

Pepe revint raconter à Cayetano ce qui venait de se passer.

— Ai-je bien fait d'agir ainsi, lui demanda-t-il.

— Parfaitement fait. Nous sommes débarrassés d'un mauvais gas.

— Ce n'est pas tout. Il me reste encore à peu près 35,000 francs, voulez-vous me donner la main de Nicolasa?

— Ne vous moquez pas de moi. Ne savez-vous pas que Nicolasa est mariée.

— Qu'importe. Son mari a cédé tous les droits qu'il avait sur elle. Je le remplace sinon devant l'alcade, au moins devant vous et devant Dieu. Cela ne suffit-il pas?

— Faites-vous agréer par ma fille et je serai le plus heureux des hommes de vous voir entrer dans la maison et dans la famille.

Pepe s'adressa à Nicolasa qui, levant vers lui ses beaux yeux noirs, lui dit :

— Depuis que je suis mariée avec Juan, je vous aime vous, Pepe ; mais je ne veux plus de mari. Vous serez mon ami, mon amant ; vous vivrez avec nous ; n'est-ce pas tout ce que vous désirez? Du reste, ajouta-t-elle, vous ne pouvez pas m'épouser puisque je suis la femme de Juan. Ainsi donc, c'est convenu, et elle tendit sa main à Pepe qui la couvrit de baisers.

— C'est une question de temps, dit Cayetano.

— Et d'argent, marmotta le Gallego.

Notre aguador avait réalisé son rêve : il avait acheté sa femme. Pepe venait passer ses journées à la salchicheria, dînait avec Nicolasa et faisait la cour la plus assidue à celle qui devait être sa maîtresse. En Espagne, tout amour commence ainsi par quelques journées de calme, de passion platonique qui précèdent l'orage et l'amènent fatalement.

On se tromperait beaucoup si l'on croyait que Juan cessait aussi ses visites à la salchicheria ; il avait pris fort gaiement son parti, grâce à l'argent qu'il avait reçu. Il plaisantait avec Nicolasa, avec Cayetano qui lui répondaient du bout des lèvres. Le mettre à la porte eût été difficile. Juan ne venait plus qu'accompagné d'un certain nombre d'amis, de francs vauriens comme lui. Pepe souffrait on ne peut plus des facéties de Juan, qui avait raconté son histoire à tous ses camarades et ne cessait d'appeler Nicolasa : mon ancienne femme, et Pepe, mon chargé d'affaires. L'apathie et la patience de Pepe lui semblaient une sûre garantie d'impunité et Juan ne se gênait pas. Mais il vint un jour où Pepe se fâcha et défendit à Juan de prendre aucune liberté vis-à-vis de la jeune femme. Juan se mit à rire. Pepe sauta sur lui ; mais les amis communs intervinrent et l'on empêcha le Gallego athlétique d'écraser cette petite mouche d'Andalousie. Juan se retira avec ses compagnons, dont il ramena un plus grand nombre le lendemain; mais ce ne fut pas sans un certain sentiment d'effroi qu'il remarqua plusieurs Gallegos attablés dans les coins et destinés à prêter main-forte à Pepe s'il en avait besoin. Nicolasa n'était plus au comptoir.

Pendant plusieurs jours les deux troupes se trouvèrent en présence, échangeant des quolibets. Les amis de Juan étaient presque tous Andaloux et avaient la plaisanterie facile ; les Gallegos de Pepe étaient tous munis de gros gourdins, mais c'était là leur seule défense. Les journées et les soirées se passaient à se provoquer et à s'insulter.

Le jour de la romeria (fête) de San-Juan, la troupe de Juan arriva fort nombreuse, fort gaie, fort avinée.

— Nicolasa n'est pas là? demanda Juan à un garçon. Eh bien, faites-la venir pour que je l'embrasse ; c'est aujourd'hui ma fête.

Ce fut Pepe qui arriva. Tous les Andaloux se

groupèrent autour de Juan ; les Gallegos entou-
rèrent Pepe.

— Il faut que cela finisse ! s'écria Juan ; ne nous
laissons plus gêner par cette vermine de Gallice.
A ce soir au Prado, dit-il à Pepe.

— Bien. Nous y serons, répondit ce dernier.

La romeria San-Juan est une grande fête de
nuit qui commence à minuit et finit au lever du
soleil. Elle a lieu au Prado. Le Prado est un grand
rectangle entièrement dépourvu d'arbres, au milieu duquel s'élève une fontaine assez jolie. Cinq
ou six rangées de chaises divisent cette promenade
que tous les soirs la foule envahit. Le Prado est
un véritable salon où parfois se réunissent des
sociétés de dix ou douze personnes. Je crois
que c'est un des plus curieux spectacles qu'il soit
possible de voir, grâce aux toilettes et à la beauté
des Madrilènes. A droite et à gauche, le Prado se
prolonge par deux grandes allées qui ressemblent
assez aux Champs-Elysées.

Jusqu'à minuit, le jour de la San-Juan, la
bonne société s'étend sur les chaises, se pavane,
cause et fume. A partir de minuit, le peuple, la
canaille, le pittoresque commence à arriver. Des
bandes de jeunes filles vêtues de robes de couleurs
claires, un châle de Manille autour de la taille, la
jupe courte, une simple rose dans les cheveux,
vont se tenant par le bras en chantant du ton le
plus nasillard quelque chanson sempiternellement
la même que l'on entend sans pouvoir la répéter ;

puis des bandes d'hommes jouant de la guitare,
du tambour de basque et des castagnettes. Si une
bande de femmes rencontre une bande d'hommes
on s'offre mutuellement de danser. L'orchestre
commence et l'on chante par exemple en dansant la célèbre *Jota aragonaise* :

> La virgen del Pilar
> Dice que no quiere ser
> Francesa que quiere ser
> Capitana
> En la tropa aragonesa.

Les danseurs et les danseuses, animés par cette
musique étrange qu'il faut avoir entendue pour
en comprendre l'effet enivrant, s'agitent, se ba-
lancent, lèvent les bras en l'air dans un mouvement plein d'originalité. Il y a sur le Prado près
de deux ou trois cents cercles qui se forment ainsi
et où l'on danse toute la nuit. Au second plan du
tableau d'énormes chaudières d'huile s'échauffent
sur des feux de bois qui pétillent et qui flambent ;
e sont les fabriques de buñuelos avec leurs pana-
hes de fumée noire. Chacune de ces chaudières
donne naissance à de bizarres effets de lumière
ui se répètent sur tous les assistants. Des tables
de bois sont dressées tant bien que mal et l'on
vient manger des pleins saladiers de buñuelos
brûlants ; on les assaisonne avec de l'anisette.
Cette foule innombrable s'agite, se démène, crie,
chante, danse et présente le plus singulier coup

d'œil. Je ne sais quel caractère sauvage domine la fête, obscure sur certains points, brillamment éclairée sur d'autres, si bruyante à quelques endroits, si triste à certains autres. L'Espagnol ne connaît pas de milieu : s'il ne chante pas, s'il ne bavarde pas démesurément, il se tait et garde un silence ou une immobilité absolus.

Voilà quel était le terrain sur lequel les deux troupes s'étaient donné rendez-vous. C'est assez l'habitude de régler en public ces affaires où plusieurs hommes sont engagés. Les querelles sont fréquentes et il est rare qu'on aille seul et à jeun à la fête. Les Gallegos surtout marchent toujours par troupe de vingt ou trente et portent d'énormes gourdins qui sont entre leurs mains puissantes des armes terribles. Les Andaloux portent aussi un bâton, mais ce bâton renferme un poignard ou une épée, ou un couteau dont on se sert à l'occasion.

Depuis longtemps la troupe commandée par Juan était à la fête, dansant, chantant, mais ne se séparant pas, lorsque parut la troupe de Pepe. La première était d'à peu près vingt-cinq hommes ; celle de Pepe n'en comptait guère que quinze. Plusieurs fois les deux partis passèrent l'un près de l'autre, se mesurant des yeux, s'insultant, mais sans commencer le combat. La troupe de Pepe, qui avait apporté ses musettes (la musette est l'instrument favori des Gallegos), se mit à jouer *la Gallegada*, à danser, à chanter. La troupe de

Juan accourut et lançant un grand cri se précipita sur les Gallegos. La danse et la musique cessèrent; chacun des Gallegos s'occupa de faire face aux assaillants dont le nombre était presque double. Les bâtons entrèrent en mouvement. Pepe cherchait Juan et ne pouvait le trouver. Je ne sais comment cela allait finir, lorsque la garde accourut. On sépara les combattants qui se reformèrent en troupe et d'un commun accord gagnèrent une sombre allée d'où ils chassèrent quelques amoureux.

— Cavalleros, dit Juan aux siens et à voix haute, nous allons ce soir chasser l'hippopotame de Gallice. Plus nous tuerons ce genre d'animal désagréable, plus nous serons tranquilles. Nous aurons le bonheur d'avoir délivré l'Espagne de ses enfants les plus laids.

— Petit, je t'attends! s'écria Pepe d'une voix de stentor.

Le combat s'engagea avec le plus grand acharnement : coups de bâtons, coups de poings, coups de couteaux s'échangeaient avec fureur. Déjà plus d'un malheureux gisait par terre.

— Où donc est Juan! hurlait Pepe.

— Je suis ici, dit le petit Andaloux, et au même moment il enfonçait son couteau dans l'épaule du Gallego et s'échappait.

— Par ici, n'est-ce pas, répondit le Gallego insensible, et d'un coup de bâton énorme, il fendit le crâne de Juan qui mourut un quart d'heure après.

Le combat dura encore quelques minutes, puis les Gallegos, vainqueurs, se retirèrent en bon ordre emportant leurs blessés.

Nicolasa savait que le combat devait avoir lieu ; elle attendait Pepe.

— Eh bien ? dit-elle.

— Eh bien ! fit l'autre, je lui ai teint les cheveux en rouge. Il ne te tourmentera plus : il est mort.

— *De profundis*, dit Cayetano.

— Maintenant je t'aime et je suis ta femme, dit Nicolasa en tombant dans les bras du Gallego.

TOLEDO

TOLEDO

LA MUERTE

Desde Madrid a Toledo
Hay doce leguas.
Todo camino llano
Menos las cuestas.

I

Et le proverbe espagnol a bien raison : de Madrid à Tolède il y a douze lieues, et le chemin serait plat s'il n'y avait pas de côtes.

Il y a quelques côtes, et cependant le chemin est plat, horriblement plat ; plat de cette grande et vaste platitude des paysages espagnols, sans arbres, sans eau, sans oiseaux, presque sans habitants. La grande immensité grise, la terre, s'étend au-dessous de la grande immensité bleue, le ciel. De temps en temps, deux gendarmes, costume classique, passent, le fusil sur l'épaule ; un muletier chemine lentement à l'ombre de ses mules ornées de croupières rouges ; ou bien un paysan enveloppé dans son grand manteau couleur d'amadou, le fusil à l'arçon de la selle, détache sa silhouette noire sur la route grise, sur l'horizon partout lumineux, sur le ciel bleu. De loin en loin, quelques oliviers rabougris, au feuillage sombre, se dressent. Puis la chaleur étouffante rayonne de tous les objets et le silence est interrompu par les allocutions, les injures, les chansons nasillardes que le *zagal* et le *mayoral* adressent aux mules qui trottinent, agitant le petit pompon rouge placé sur leur tête et les mille clochettes qui chantent à leur cou.

On n'aperçoit ni villes, ni villages. Il n'y a que la route qui poudroie au soleil. On se croit en enfer, condamné au supplice de la diligence, le supplice sans fin : rouler toujours sans arriver jamais.

Ou bien arriver aux villages d'Ollas et d'Illiescas aux toits gris, aux maisons blanches et petites, où l'on mange des plats incroyables dont le souvenir, malgré nombre de verres d'eau, ne veut jamais vous quitter.

Cependant au milieu de cet amas de poussière et de plâtre s'élève presque toujours une ruine arabe, une tour, ou bien une porte sous laquelle toutes les maisons du village pourraient passer sans courber la tête. Un vent chaud vous coupe la figure; on sent l'Afrique et l'on voudrait voir défiler les blancs Mamelouks : il n'y a que de noirs et soucieux Espagnols.

Et de remonter en diligence, et le mayoral de crier plus que jamais : *Anda ! Beata ! Beata ! Ra, ra, la Coronela ! la Coronela ! So, so,* et les mules de galoper.

Combien on se sent seul avec soi-même ; combien les pensées, s'accumulant autour de votre tête, vous demandent l'hospitalité généreuse d'un moment ! combien l'on est heureux de recevoir celles-là mêmes que l'on a chassées parfois ! Les rêves, les idées folles sont bien accueillies, choyées même. On les écoute complaisamment ; elles vous persuadent, et monté sur ces rossinantes de la pensée, don Quichotte de l'impossible, on voudrait s'élancer. Mais votre voisin qui s'est endormi sur votre épaule, Sancho Pança, vous retient sur la terre et sur la banquette de la diligence.

Véritablement, il faut connaître les grandes routes d'Espagne pour bien comprendre don Quichotte et son écuyer Sancho Pança, le paysan de la Manche, *le Manchego.* L'un à cheval, l'autre à âne, ils avancent lentement sur la grande route où le soleil abat la poussière et frappe la salade du pauvre chevalier errant. Il est immobile, et ses idées bouillonnent. Insensible, il oublie la soif, et dans de longs discours promet à Sancho la conquête d'un royaume, tandis que le pauvre écuyer, qui étouffe et donnerait un doigt de sa main pour un verre d'eau, exprime sa mauvaise humeur et sa philosophie en phrases courtes et haletantes en proverbes. Alors l'hôtellerie, la venta aux murs blancs, environnée de quelques arbres, surgit à l'horizon. Pour l'imagination ardente du maître, c'est un château ; pour Sancho, peu lui importe : château ou hôtellerie, il y a de l'eau là, et que le vase qui la contient soit d'or ciselé ou de terre humide, peu lui importe encore, pourvu que l'eau coule fraîche et limpide dans son gosier desséché.

Et sur ces grandes routes, où la rencontre d'un passant est aussi rare que sur l'Océan la rencontre d'un navire, comme ce passant grandit! quelles proportions il prend ! Lui, l'inconnu, il devient l'aventure, et vite la lance en arrêt contre un marchand de fromages ; puis avec ces grands soleils éclatants qui empêchent de voir à force d'illuminer, trouvez donc étonnant qu'un troupeau de moutons devienne une armée, et un moulin à vent un géant. Il fait si clair qu'on ne distingue rien.

Anda ! mucho ! valiente ! Anda peresosa ! Maldita sea la madre que te pario.

Nous sommes à Tolède, et nous n'y sommes pas encore. Ceci peut sembler un paradoxe ; mais une ville commence pour moi à deux ou trois lieues de distance de la première maison, du premier faubourg. Le paysage environnant influe trop sur l'histoire, et par conséquent sur l'extérieur d'une ville, pour qu'on n'en tienne pas compte généralement, et particulièrement lorsque, comme à Tolède, l'aspect panoramique est remarquable.

Nous avons quitté les teintes grises et plates ; la terre a changé de couleur, elle est devenue rouge ;

les oliviers plus nombreux se mêlent aux bruyères.
Le paysage prend des tournures de plus en plus
orientales, et ressemble à s'y méprendre à ceux
que Marilhat place ordinairement aux environs de
ses grandes villes turques. Je cherche encore une
fois des chameaux, des dromadaires, des Arabes
aux burnous blancs ; je ne trouve que des mule-
iers avec leur grand manteau et leur fusil. — Du
noir au lieu du blanc.

Nous traversons une vallée qui s'étend à sept
ou huit lieues à gauche et à droite en deux plaines vertes, ou vegas, resserrées entre deux rangées de collines et se perdant à l'horizon. C'est la
vallée du Tage que, le lorgnon en main, je cherche à découvrir et que je ne vois pas.

Si, tout là-bas, à trois ou quatre lieues sur la
gauche, j'aperçois quelques taches argentées, c'est
le fleuve du Tage. Sur la première marche, isolée
des autres, d'un escalier de collines qui se dressent devant nous, s'élève une ville aux teintes
jaunes, rousses, orangées. Déjà on distingue une
ligne de remparts à créneaux courant sur les rochers, s'élevant et s'abaissant.

La diligence, laissant à sa droite un vaste bâtiment carré surmonté d'une coupole, qui est l'hôpital d'Afuera (hôpital du dehors), enfile au grand
galop une porte de construction du dix-septième
siècle, portant sur un vaste écusson les armes de
la maison d'Autriche, et franchit ainsi les premières murailles de Tolède. A gauche, à droite, des

fortifications sans cachet particulier. Quelques maisons, une petite église moitié arabe, moitié jésuite, puis le rocher se dressant à pic et supportant la vieille ville de Tolède. Nous commençons à le gravir par une pente ridicule. Si un trait se rompait on ne sait où irait la voiture.

Les Arabes, un bien grand peuple cependant, n'avaient pas soupçonné la venue future de ce colosse voyageur qu'on appelle une diligence; aussi sommes-nous obligés de laisser de côté la *puerta del Sol*, la porte du Soleil, monument arabe, moitié tour, moitié arc de triomphe, qui sert d'entrée à Tolède du côté du nord. Dans une meurtrière se voient trois têtes de pierre : ce sont celles de deux femmes et d'un juge qui, ayant abusé d'elles et les ayant tuées, fut condamné par le roi San-Fernando à avoir la tête tranchée et à servir d'exemple aux passants et aux voyageurs.

La côte devient de plus en plus forte, le *mayoral* peut presque toucher de la main la tête de ses mules essoufflées. Enfin les maisons commencent. Nous traversons immédiatement, et tant bien que mal, une place triangulaire garnie d'arbres jaunes et rabougris, et entourée de maisons à arcades. Nous passons les ruines d'une porte et nous nous arrêtons devant une *posada*, toujours sur une pente insensée. Les Espagnols choisissent assez volontiers des points semblables pour s'arrêter.

Et bien vite à la recherche d'un hôtel, ce qui

me force à retraverser la grande place de *Zoco-dover*.

La grande place de Tolède, ou Zocodover, célèbre par les exécutions publiques et les auto-da-fé, est, comme toute la ville, un résumé de l'histoire d'Espagne.

Chaque civilisation s'est installée sur cet espace limité de rochers qui s'étend entre le Tage et la plaine. Chaque peuple, Romains, Goths, Juifs, Arabes, Espagnols, est venu à son tour laisser ses pierres et ses monuments à côté des pierres et des monuments de ses prédécesseurs.

La place, de forme triangulaire, est plantée de quelques arbres modernes et rachitiques. En se plaçant au sommet du triangle, voici ce qu'on aperçoit. A gauche, de grandes maisons à cinq étages avec force fenêtres garnies de balcons et de persiennes vertes. Le bas des maisons forme de grandes galeries couvertes, sous lesquelles s'ouvrent des boutiques arabes, c'est-à-dire deux petites marches à monter, une petite porte à hauteur de main, puis une grande ouverture quadrangulaire qui sert à la fois de comptoir et d'étalage. Tout ce côté de la place, qui est d'une uniformité complète, est coupé juste à son milieu par une grande porte arabe. C'est la *puerta de la Sangre*, une des sorties et des descentes de Tolède, par conséquent. Elle laisse voir la campagne, une campagne orangée, jaune, relevée par un beau ciel bleu. Au-dessus de cette porte s'ouvrent deux grandes fenêtres superposées. Aux jours des auto-da-fé, où l'on brûlait chrétiens, juifs, Arabes, l'une de ces fenêtres s'ouvrait, une grande toile rouge tombait, et l'on apercevait un autel de la vierge chargé de fleurs, de cierges allumés et de moines encapuchonnés. A l'autre fenêtre se plaçaient, à côté des grands inquisiteurs, les roi d'Espagne, entre autres Philippe II. Cette chapelle suspendue s'appelle la *capilla de la Sangre* (la chapelle du Sang). Quelques pas après la porte du Sang, à l'entrée d'une rue tortueuse, où le ciel, découpé par les maisons dont les toits se rapprochent, ressemble à un ruban bleu, existe une auberge sombre qui suffirait à une vingtaine de romans. Quelques piliers de bois noir soutiennent de vastes hangars obscurs sous lesquels des muletiers enveloppés dans leurs manteaux, assis sur le bât de leurs mules et fumant la cigarette, jouent aux cartes : c'est la *posada de la Sangre*. Toujours du sang. Il en a été versé assez à Tolède pour peindre toutes les maisons.

Sur la gauche, la place est moitié espagnole, moitié arabe ; à la base du triangle, elle est juive et flamande : de grandes maisons en bois et percées d'innombrables fenêtres à petits carreaux enchassés dans du plomb. Une allumette suffirait pour mettre le feu à tout ce bois sec. A droite, autre genre encore, les maisons sont espagnoles, anciennes et modernes, avec de grandes fenêtres basses et grillées ; d'autres, avec des fenêtres toutes petites pour empêcher la chaleur de pénétrer, sont de véritables maisons arabes.

Les habitants sont quelques mendiants déguenillés, quelques sorcières horribles et un Anglais phlegmatique qui se promène de long en large depuis dix ans à la même place.

A la recherche d'une posada, ou hôtel, nous nous engageons dans un dédale de rues étroites par lesquelles une voiture ne passerait pas. Toutes les maisons, qui sont assez basses, ont des petites portes à gros piliers sculptés et couverts d'écussons. Tout cela est noir, sombre, plein de sévérité. Ouvrez une de ces portes massives, bardées de fer, garnies de clous, et vous trouverez une petite cour carrée dont les murs, peints à la chaux, resplendissent de blancheur, de propreté, de gaieté. Tout autour de la cour circule une petite galerie couverte, soutenue par des piliers de bois peints en vert, en jaune ou en rose, qui se détachent sur les murs blancs. Au milieu de la cour, une petite fontaine qui clapote gaiement donne de la fraîcheur et chantonne seule au milieu du silence de la rue, de la ville. Comme on est bien là par une chaleur terrible et un soleil de plomb qui ne pénètre pas dans cette petite cour, grâce à des nattes et des toiles prudemment tendues.

On ne saurait croire combien est grand et saisissant ce contraste entre la rue et la maison, le même qu'entre le noir et le blanc. Il est facile

d'en comprendre la raison. La chaleur et les ba-
ailles dont Tolède a été le théâtre jadis ont fait
une loi à tous les habitants de s'enfermer prudemment chez eux avec le moins de fenêtres et la plus
solide porte possible. Tout le luxe, le confortable,
le soin, se sont reportés à l'intérieur, au *patio*,
souvent deux ou trois fois plus large que la rue
où l'on ne sortait autrefois que pour aller à l'église
ou à la bataille, les seuls points de rencontre et
d'association des hommes. Nous aussi, en France,
nous avons encore nos rues étroites.

Ce pauvre Tolède dort encore dans son moyen
âge, vieux hibou perché sur son rocher. À chaque
pas, des églises, des couvents, des chapelles, des
crucifix, puis une croix de bois noir, vous annon-
çant que tel ou tel a été assassiné là. Quelques
noirs Espagnols passent enveloppés dans leurs
manteaux et glissent le long des murs, ou bien ce
sont des prêtres qui vont, disparaissant sous leurs
immenses chapeaux et dans les plis de leur vaste
soutane noire.

Chaque rue mériterait, à Tolède, un examen particulier. Chaque maison est l'histoire d'une grande
famille, d'un grand guerrier ou d'un grand inquisiteur. Puis, songez que vous ne voyez que l'envers
de la vie ; que l'endroit, c'est l'intérieur des maisons, ces *patios* blancs, clairs, gais, enfermés dans
ces murailles moitié gothiques, moitié jésuites,
sombres, noires, ténébreuses, qui forment ces
rues toujours en pente que gravit lentement un

âne blanc, orné de passementeries rouges. Regardez au fond de la rue, de ce corridor noir, vous verrez tout en bas la campagne qui poudroie au soleil.

En circulant dans ce labyrinthe sinistre, on se sent reporté de bien des siècles en arrière. Une de ces portes s'ouvrirait, un chevalier armé de toutes pièces sortirait l'épée au poing, que l'on ne serait point étonné. On est tellement jeté en dehors de ses habitudes! Les objets placés sous vos yeux ont des formes sensibles si différentes! On voit le moyen âge, ce moyen âge des tourelles, des rues étroites; on le sent, on le touche, on le frôle à chaque pas, et vraiment il vient de singulières idées. On retirerait son chapeau pour voir s'il n'y a pas une plume, et l'on croirait sentir une épée qui vous bat les jambes.

Il faut se laisser aller à ce mouvement, n'être plus du présent, appartenir tout entier au passé, sous peine de ne rien comprendre, de ne rien s'assimiler, de ne pas voir. Promenons-nous donc dans ce Gustave Doré vivant.

Nous parvînmes à notre hôtel, la *fonda del Lino*, qui est dans le même style que toutes les maisons de Tolède et renferme une cour très-gaie, très-propre, où l'on sent la fraîcheur même à deux heures, ce qui sera compris par tous ceux qui savent que les pays chauds sont ceux où l'on a le plus frais en été et le plus froid en hiver.

Mon premier soin, en arrivant dans une ville

inconnue, est de me lancer, à tout hasard, sans guides ni renseignements, à la recherche des curiosités ignorées. Dans les villes d'Espagne, généralement assez petites, le danger de se perdre n'est pas grand, et lorsque ces tours et ces détours ont un but, on l'atteint après quelques recherches qui vous permettent de voir une foule de cho⋅⋅s qu'un examen plus rapide laisserait échapper. On se ménage nombre de surprises, de découvertes. Et ne sont-ce pas là les joies du voyage?

Parti de l'hôtel à la recherche de la fameuse cathédrale de Tolède, la métropole de l'Espagne, n'ayant pour me diriger que le bruit des cloches qui sonnaient à toute volée, à force de monter et de descendre par ces corridors étroits qui sont les rues de Tolède, je finis par arriver à la cathédrale. Mais j'avais pris le livre à l'envers; il me fallut faire un grand détour le long de toutes ces bâtisses qui entouraient et entourent les églises du moyen âge, pour arriver au prologue, au portail qui surgit au coin d'une petite place triangulaire et en pente.

L'un des côtés de la place, celui qui fait face à l'église, est l'archevêché, grande maison blanche, sans style ni caractère; l'autre est l'hôtel de ville, style Louis XIII; quant au troisième, la cathédrale, elle est, nous le verrons, de tous les styles.

La façade de la cathédrale est de plein pied avec le sol. Elle se compose à gauche d'une haute et large tour gothique, puis d'un portail assez bas percé de trois portes ogivales couvertes de sculptures et de bas-reliefs; enfin, sur la gauche, d'une sorte de pavillon byzantin surmonté d'une coupole renaissance. Grâce à la beauté du climat, le monument semble sortir des mains des ouvriers. Cette œuvre de don Pedro Perez, qui jeta les fondements de la basilique en 1227, est jeune encore.

On a beaucoup parlé de la cathédrale de Tolède. Selon quelques auteurs, elle daterait d'une époque antédiluvienne, ce qui forcerait à croire qu'elle a été un des animaux renfermés dans l'arche. Selon d'autres, elle date du roi goth Leovigilde (536). Selon d'autres encore, c'est la copie du temple de Diane à Ephèse. Inutile de dire que de tout cela rien n'est vrai.

Ce qu'il y a de positif, c'est qu'il a existé de tout temps, sur le versant méridional de Tolède, un temple consacré au culte de la divinité régnante.

Le christianisme n'a élevé ses temples que sur l'emplacement de ceux du paganisme. Une première cathédrale, construite par le roi goth Recarède, fut d'abord vouée au culte arien, puis au culte catholique, puis enfin convertie en mosquée par les Arabes. En effet, lorsque, en 1085, Alonzo VI reconquit Tolède, les Mores, dans leur capitulation, gardèrent le droit de faire les cérémonies religieuses de l'islamisme dans la mosquée principale dont ils avaient fait un chef-d'œuvre ; ce qui prouve, en passant, que les Arabes s'étaient bien profondément implantés dans le pays dont ils formaient même, avec les juifs et quelques Goths, la principale population. Quant aux Espagnols, ils n'existaient pas ; c'est une création toute moderne.

Ce fut sous le règne de Fernando III et sous l'é-piscopat de don Francisco Inichez de Rada (1227), que Pedro Perez donna le plan d'une nouvelle cathédrale qui fut édifiée sur l'emplacement et sur les ruines de l'ancienne mosquée.

Les trois portes du portail, dont l'une, celle du Pardon, ne s'ouvre que pour les rois d'Espagne, sont fermées, et le public n'y passe point. Il faut revenir sur ses pas, et suivre, sur la gauche, une rue qui monte, et à travers laquelle un pont cou-vert donne passage de l'évêché à l'église, pour aller prendre une autre rue, fort en pente, qui descend jusqu'à la porte *del Nino-Perdido* (l'En-fant-Perdu), ou bien passer à droite, au midi. De ce côté, le corps de l'église est assez débarrassé, tandis qu'au nord il est obstrué par des construc-tions ignobles, ce qui fait que la cathédrale de Tolède n'a de vue que sur le portail. Elle semble être, du dehors, un immense amas de pierres, une montagne de rochers entassés, rôtis par le soleil.

Au midi, il y a deux portes ; l'une, d'ordre ionique, est un de ces barbarismes d'architecture comme il s'en trouve malheureusement dans tous

les monuments du passé. Cette porte est l'œuvre
du siècle dernier. Tout à côté est la porte des
Lions, par où j'entrai. Celle-là est un véritable
prodige du style gothique le plus merveilleux. Il
y a autant de statues, de sculptures, que de grains
de sables au bord de la mer. A peine pris-je le
temps de jeter un regard sur une magnifique
porte de bronze, admirablement ciselée et couverte de bas-reliefs charmants datant de la Renaissance. Ce ne fut pas sans une vive émotion
que je soulevai une lourde tapisserie.

Il était près de sept heures du soir ; le jour
commençait à tomber ; les colonnes à nervures de
la cathédrale s'enlaçaient les unes dans les autres,
et formaient comme un feuillage épais au travers
duquel la lumière, tamisée par les vitraux aux
couleurs splendides, tombait douce, harmonieuse,
éclairant les chapelles à demi perdues dans
l'obscurité.

C'était la vision d'Ali-Baba pénétrant dans la
caverne des quarante voleurs ; Aladin descendant
dans les jardins du palais de la Lampe merveilleuse ; c'était un coup d'œil prodigieux, féerique.
Au-dessus de la tête, une hauteur prodigieuse, un
plafond perdu, à peine visible ; en face, la colonnade, une forêt immense aux derniers rayons du
soleil. A peine quelques spectres noirs de prêtres
ou de femmes en mantilles, glissants mystérieusement sur les larges dalles. Un vaste et profond
silence que rien ne trouble, n'altère ; si, parfois

une cloche vibre au-dessus de votre tête comme le tonnerre dans le ciel. Oh ! la cathédrale, c'est la forêt de pierres, avec la fraîcheur, le silence, l'harmonie que n'a pas la forêt réelle ; puis quelque chose qui enlève l'âme dans une noble fierté lorsqu'elle sent que c'est là l'œuvre des hommes, œuvre à laquelle elle s'associe, elle participe par l'enthousiasme et l'admiration ressentis.

Osant à peine marcher, je fis le tour du chœur. Au fond de la cathédrale, une lumière plus vive m'appela ; je regardai. Je vis... le ciel ouvert. *Le Transparento*, c'est un immense tableau bas-relief, en bois, en pierre, en marbre, en cuivre, en argent, en or, en peinture, en sculpture, s'élevant en spirale sur une hauteur de cinquante pieds, et représentant le triomphe de la Vierge. Figurez-vous des marbres de toutes les couleurs, ployés comme des étoffes sur des hauteurs énormes ; des statues de grandeur naturelle en cuivre. Une fenêtre élevée éclaire cette sorte de bas-relief ovale, cette orgie de ce que la nature a créé de plus splendide, cette fête de la matière, qui, partant du bas de l'église, s'élève jusqu'au plafond. Avant d'examiner en détail cette œuvre prodigieuse, on reste saisi, et l'on ne retrouve l'usage de ses facultés que quelques instants après. On est surpris, écrasé par cette cascade fantaisiste que l'on n'a pas tout d'abord le temps de comprendre. Malheureusement l'examen, la critique arrivent et détruisent peu à peu l'illusion ; on sent le mauvais goût, le maniéré dans les sculptures et dans les peintures, puis des détails faux, incorrects. Quoi qu'il en soit, le premier moment est au moins celui d'une impression excessivement vive. Pour moi, je ne sais si cela tient à ma disposition d'esprit, ou bien à la lumière délicieuse des dernières heures du jour qui me favorisait alors, mais le Transparent, dont j'avais entendu dire tant de mal, me parut, au point de vue du christianisme espagnol, christianisme beaucoup plus matériel, plus splendide dans ses pompes que celui de tous les autres pays, une œuvre importante, curieuse, et ce que l'on a voulu en faire, somme toute, une vision agréable. C'est le christianisme jésuite. *Le Transparento*, c'est le catholicisme sensuel, la débauche matérialiste de l'esprit surexcité. Chaque grand peuple artiste et chrétien a ouvert le ciel à son gré : l'Italie, avec Titien et le Tintoret ; l'Espagne, avec le Transparent de la cathédrale de Tolède.

La nuit me surprit dans la contemplation de cette étrange rêverie, et je regagnai mon hôtel tout triste, tout songeur, au sortir de cette ville chrétienne que je venais d'apercevoir confusément dans l'ombre.

Je passai la soirée sur le toit de la maison, sur une terrasse, et je vis la lune se lever lentement.

Le lendemain matin de bonne heure je repartais pour la cathédrale, qu'éclairent sept cent cinquante fenêtres, et que quatre-vingt-huit piliers

16,

énormes, composés de seize colonnettes supportant soixante-deux ogives, soutiennent sur une
longueur de quatre cent quatre pieds, et une
hauteur de cent soixante pieds, qui est celle de
la nef.

L'église a la forme d'une croix.

La disposition intérieure de la cathédrale de
Tolède n'est nullement la même que celle de nos
églises de France.

Dans la grande église se dresse une sorte de
petite église spécialement destinée aux prêtres.
Vous connaissez ces petites châsses, merveilles
d'architecture et de ciselure, où le moyen âge
renfermait les reliques de ses saints. Grandissez-
les cent ou deux cents fois, et mettez l'une au
milieu de la nef, avant le transept; l'autre après
le transept. Dans la première est le chœur ou
maître-autel ; la seconde renferme les siéges des
chanoines (*silleria*). Deux grilles de bronze permettent de voir d'une chapelle ce qui se passe
dans l'autre.

Ouvrons ces châsses : nous verrons des trésors.

Au moyen âge, la cathédrale était véritablement le palais des rois des prêtres, et cette seconde petite église dont j'ai parlé était pour ainsi
dire leur salle du trône. L'archevêque prenait
place sur un siége élevé au fond de l'une de ces
chapelles, et avait pour vis-à-vis Dieu en croix au
fond de l'autre. Les rois s'agenouillaient aux pieds
de Dieu et de l'archevêque.

Derrière les murailles de pierres ciselées comme de l'argent, et recouvertes de bas-reliefs et de sculptures représentant la vie du Christ, et que le siècle dernier a souillé en y introduisant de force quatre petits autels d'un style déplorable, la foule accroupie sur les dalles pressentait une puissance terrible, et elle écoutait en silence la voix des chantres et des chanoines invisibles. N'avait-elle pas sous les yeux un vaste écriteau qui existe encore aujourd'hui, et menace d'excommunication ceux qui se promèneraient, chanteraient ou riraient pendant le sacrifice de la messe? Pour combien la peur comptait-elle dans la foi du moyen âge?

Deux orgues d'un style jésuite dominent la petite chapelle et remplacent les orgues antiques qui jetaient dans l'air leurs notes graves. La cathédrale de Tolède n'a pas de grand orgue.

Le chœur occupe un espace quadrangulaire. Trois de ses côtés sont, nous l'avons dit, complétement fermés et garnis par les siéges des chanoines; le quatrième, celui qui fait face au maître-autel, dont il est séparé par une distance de trente-deux pieds, est muni d'une grille splendide permettant à la vue de s'étendre. L'espace carré compris entre les siéges du chapitre et la grille est occupé par un lutrin énorme représentant un aigle ouvrant ses ailes, puis par un autel sur lequel s'élève une statue de la Vierge dont la figure est noire. La tradition raconte que la Vierge

apparut un jour à un chanoine en prière, et regarda la statue, qui devint noire immédiatement,
et fut placée, en considération du miracle, au milieu du chœur.

Les chaises des chapelains sont sur deux rangs.
Le premier est au niveau du sol; l'autre, d'un degré
plus élevé, est recouvert par une petite galerie
courante que soutiennent des colonnes de marbre;
c'est un prodige d'architecture. Le premier rang
est l'œuvre d'un sculpteur du moyen âge, Paëse
Rodrigo, qui a raconté là pieusement l'histoire de
la conquête de Grenade en cinquante petits bas-
reliefs.

Les siéges du second rang, au nombre de
soixante et un et chargés d'ornements, sont une
des plus belles choses qu'il soit possible de voir.
L'exécution en fut confiée moitié à Alonso Berruguete, moitié à Felipe de Borgoña (1548), qui
mourut sans avoir terminé son œuvre. Chaque
dossier de siége est un bas-relief représentant un
des grands personnages de l'Écriture sainte. Le
chapelain qui vous montre la cathédrale, et qui
est naturellement d'une ignorance assez grande,
vous affirme que l'on n'a pas encore pu décider qui
des deux avait le mieux réussi, de Berruguete ou
de Felipe de Borgoña. Ce jugement est équitable;
mais on ne peut s'empêcher de reconnaître dans
l'œuvre de Berruguete une force, une audace qui
font retrouver dans l'élève de Michel-Ange la
plupart des qualités du maître. La finesse semble

être au contraire le principal mérite de Borgoña. Ces siéges, en définitive, sont l'œuvre la plus complète de la sculpture sur bois, et peut-être serait-il difficile de trouver plus beau.

Au milieu de ces soixante et un siéges, un s'élève plus large, plus grand, plus orné, les colonnes en sont dorées, l'écusson archiépiscopal le surmonte : c'est le trône de l'archevêque. Au-dessus de ce trône, au sommet de la muraille du chœur, se dresse un groupe de grandeur naturelle : la Transfiguration du Christ. Berruguete a fait là un chef-d'œuvre. Jésus, debout sur une montagne, entre Moïse et Élie, apparaît aux apôtres éblouis.

Tel était le trône où l'archevêque s'asseyait, d'où il présidait son conseil de chapelains. Ce qu'il y avait et devait y avoir d'orgueil dans cet homme souverain, quand les orgues tonnaient, quand les voix chantaient, quand l'encens fumait en son honneur, au milieu de tant de merveilles, on ne peut le savoir. L'humilité n'est pas toujours dans une église.

Le passage entre le maître-autel et le chœur est enserré entre deux grilles de bronze qui sont aussi de véritables chefs-d'œuvre d'élégance et de finesse. Les sujets en sont choisis avec assez de liberté ; des têtes de satyres et de femmes se voient partout. La grille du maître-autel est d'une forme incomparable et d'une richesse immense ; elle était argentée, mais les Français sont venus et ont gratté l'argent avec une rapacité sauvage. Il se

trouve dans le passage entre le chœur et le maître-
autel deux objets qui confirment bien dans cette
idée principale, que la cathédrale de Tolède est
un musée artistique plutôt qu'un temple chrétien.
A gauche et à droite, adossés aux piliers qui supportent la grande nef, s'élèvent deux larges fûts
de marbre magnifique d'une hauteur d'environ
deux mètres. Les deux fûts supportent deux énormes vases de bronze ornés de figurines, de ciselures d'un travail exquis, encore des têtes de
femmes et de satyres, mais cette fois en si grand
nombre que c'est une bacchanale complète. Ces
deux vases servent de chaires.

En vérité, on ne saurait croire la quantité de
renseignements curieux que fournissent les moindres objets de cette cathédrale, et l'on ne comprend pas que les artistes de tout pays, qui ont
passé là, n'aient pas fait une ample moisson de
dessins dont ils eussent pu tirer honneur et profit.

Le maître-autel est élevé de cinq ou six marches
au-dessus du niveau de l'église. Au-dessus du
maître-autel et au-dessous d'un grand Christ de
bois colorié qui le domine majestueusement, est
ouvert tout un livre en bois, une page de bas-
reliefs sculptés représentant, dans cinq ou six
compartiments de bois doré et peint, différentes
scènes du Nouveau-Testament. Ce bas-relief présente à l'œil un spectacle splendide où la finesse
d'exécution des personnages ne le cède en rien à
la richesse des couleurs. Le tombeau, à ornements

arabes, du cardinal de Mendoza, l'un des principaux protecteurs de la cathédrale, remplit le côté gauche et empêche le regard du profane de pénétrer jusqu'au chœur, tandis qu'à droite une grille de pierre, pour ainsi dire découpée par d'admirables sculptures à jour, où pas un centimètre n'est resté sans être fouillé par le ciseau, permet de voir jusqu'au sanctuaire.

Dessous le maître-autel existe une chapelle où l'on descend par quelques marches et qui n'offre rien de remarquable.

Avant de passer à l'examen rapide des différentes chapelles, salles et sacristies qui s'ouvrent sur les côtés de l'église, encore quelques mots sur les curiosités que l'on rencontre çà et là.

Tout d'abord, au troisième ou quatrième pilier de gauche, à l'entrée de l'église, enveloppé d'une grille peinte en blanc et dorée, s'élève un autel consacré à la Vierge en l'honneur de son apparition à san Eugenio. Cela se passait au sixième siècle. La sainte descendit sur terre, posa son pied sur une des dalles de l'église. Le pied de la mère du Sauveur laissa son empreinte sur la pierre, et depuis ce temps, le doigt des fidèles, à force de toucher cette pierre à travers quelques barreaux, a creusé deux trous profonds.

Dans l'épaisseur de la muraille qui enveloppe les fauteuils du chapitre, sur le côté qui fait face à la grande entrée, s'ouvrent trois niches, éclairées par quelques lampes fumeuses qui dorment sur une toile cirée des plus communes. On aperçoit dans l'une, la première à gauche, une mise au tombeau du Christ, sculpture en bois peint de grande vérité et d'un assez bon effet. Dans la seconde, celle du milieu, se dresse une statue de la Vierge portant dans ses bras un enfant ayant le cou contourné : c'est la Vierge de *los Laneros*, la Vierge des ouvriers lainiers, célèbres par leur dévotion. Selon la chronique, lors de la descente de la Vierge dont nous avons parlé plus haut, le petit Jésus sculpté aurait fait un grand mouvement de tête pour apercevoir sa mère, et depuis l'époque il serait resté dans la même position, au dire du sacristain qui vous raconte gravement l'histoire.

Autre légende plus sérieuse. Un jour les ouvriers en laine célébraient une messe en l'honneur de leur statue, messe un peu bruyante, il faut croire, puisque l'évêque don Francisco Etlosa leur envoya dire de se taire ; les ouvriers, peu soumis, de chanter plus fort, et, chose surprenante, l'évêque de leur demander excuse. Il se fit même enterrer au pied de la statue de la Vierge pour que les ouvriers le foulassent aux pieds après sa mort. La troisième ouverture renferme un autel consacré encore à la Vierge. Il m'a semblé abandonné.

Au-dessus de ces trois autels se trouvent deux statues, *Innocentia* et *Culpa*, deux belles nudités qui ne manquent ni de mérite ni de simplicité. Elles datent du moyen âge.

Revenons au Transparento, isolé derrière le maître-autel. A la lumière plus vive du jour les teintes deviennent criardes et ressortent durément. C'est néanmoins une œuvre grandiose; le marbre est plissé comme une étoffe; les statues de cuivre sont très-belles. Assis sur une grosse saillie de marbre formant fleur, je me laisse aller à mon impression affaiblie d'hier. C'est bien là le catholicisme espagnol, catholicisme plus matériel que les autres, ne repoussant pas, au contraire, exigeant, pour ainsi dire, une satisfaction des sens qui, occupés, laissent alors à l'esprit sa liberté tout entière. C'est bien ce même catholicisme qui rêve au pied des femmes de Murillo, de ces Conceptions un peu maladives, subtilisations de l'amour, vengeance curieuse de la femme. Après dix-huit siècles, elle se trouve porter en elle ce mot d'amour chrétien. Elle présente à l'homme cette coupe que Jésus-Christ n'avait pas voulu lui permettre de toucher en même temps que lui. Partant de la porte du nord ou de l'Enfant perdu, la première chapelle que l'on rencontre est consacrée à la fameuse *Virgen del Sagrario.* Sur un autel pesant, à ce que l'on assure, **23** arrobes d'argent (**23** fois **25** livres), s'élève une statue de la Vierge à la figure noire (ce qui est le signe d'une apparition céleste). La statue est enveloppée d'un manteau brodé d'or et d'argent, d'une richesse des mille et une nuits. On montre des vêtements servant aux jours de

17

fêtes. Ils sont d'un luxe étourdissant. Cette *Virgen del Sagrario* est une des plus célèbres d'Espagne. Les habitants de Tolède l'ont en grande dévotion. C'est elle qui vint apporter à *san Ildefonso* sa chasuble, aussi est-il rare de ne pas voir quelques femmes ou quelques hommes accroupis à terre à la mode espagnole et marmottant des prières. La chapelle n'a rien de remarquable comme architecture, mais les marbres qui couvrent les murs et le sol sont magnifiques.

J'allais passer outre lorsque j'aperçus une jeune fille, d'une beauté remarquable, qui priait avec ferveur. Il y a des physionomies qui produisent un singulier effet. On les voit un jour, et il semble qu'on les a déjà vues, qu'on les reverra encore. Je me cachai pour mieux voir la jeune fille en prière aux pieds d'un Christ en croix. Je ne sais pas de plus douce satisfaction que la contemplation de la beauté quand aucune préoccupation personnelle, soit d'amour-propre, soit d'amour, ne vient se mêler à cet hommage spontané et inconnu. Après quelques instants je continuai ma route ; secrètement j'avais la conviction que je rencontrerais cette jeune fille. Où ? Je n'en savais rien. La suite de ce récit prouvera que j'avais raison.

Derrière la chapelle de Nuestra Señora del Sagrario, dont elle est séparée par une porte, se cache la chapelle dite del Otchavo. C'est un octogone dont les côtés se réunissent à une assez grande hauteur en une coupole élégante éclairée

par deux grandes fenêtres et ornée des fresques de
Jordano. Il n'existe pas d'autel. Dans l'épaisseur
des murs, qui sont des marbres les plus fins et les
mieux harmonisés, sur des feuilles de cuivre ciselé s'étalent bon nombre de reliquaires d'une
richesse prodigieuse. Il faudrait un catalogue pour
ce petit musée, mais le chapitre, qui a peur d'être
volé, ne donne ni catalogue ni soins à ces trésors
inouïs, que couvre une couche de poussière. Nous
avons remarqué une châsse de saint Eugène, véritable merveille d'orfévrerie; une statue de san
Ildefonso de 50 centimètres, tout en argent; une
petite statue de l'Enfant Jésus haute de 35 à 40
centimètres, en or fin; une épine de la cou-
ronne de Jésus donnée par saint Louis et en-
châssée dans du cristal ; une statue de la Vierge
en ivoire, qui, si mes souvenirs ne me trompent
pas, serait une merveille entre ces merveilles ; un
bras, monté en relique et terminé par une main,
en or; une petite statuette d'un saint tenant son
cœur dans ses mains. J'ai vu là aussi une garniture
d'autel en ambre, qui doit être une chose unique
et de magnifiques vases arabes ciselés de telle
façon qu'il faudrait les regarder pendant un an.

Que de trésors inutiles dorment là, enfouis à
côté de chefs-d'œuvre dignes de tous égards ! Combien une grande partie de cet or et de cet argent
mise en circulation serait plus profitable aux fidèles à une époque où l'argent accomplit son
apostolat.

La *capilla de los Reyes* communique avec la sacristie et rappelle les trésors des rois de l'antiquité. On sent cette organisation si puissante dans son désordre du moyen âge, où tout remontait vers le prêtre souverain.

La grande salle qui précède la sacristie renferme quelques belles têtes de saints du Greco, et une fort belle toile du même maître. Les fresques du plafond sont de Lucas Jordano. J'ai remarqué dans un coin une petite statue de saint Dominique, autrement dit d'un moine encapuchonné, magnifique de lignes et de sentiment.

La sacristie renferme de belles armoires sculptées et des peintures sur verre de grand mérite. On y montre un Léonard de Vinci et un Raphaël contestables. A côté de la sacristie est le garde meuble de la cathédrale. La quantité de chasubles, de nappes d'autel qui s'y trouve enfermée est quelque chose d'incroyable. Ce sont des tissus d'or et d'argent rehaussés de tapisserie d'une finesse et d'un art fabuleux. Chaque jour de l'année a ses ornements particuliers; l'œil ébloui n'ose dire quels sont les chefs-d'œuvre entre ces chefs-d'œuvre, et l'on est étonné de ces richesses que l'église étalait autrefois et qu'elle garde maintenant enfouies dans des armoires, parce qu'elle n'a plus d'hommes à leur taille.

Haroun-al-Raschid eut-il jamais autant de robes de brocard d'or ? jamais sultan des Indes eut-il à ses côtés une cour aussi étincelante que celle de l'archevêque de Tolède, véritable sultan temporel et spirituel, dont les arrêts étaient, par le fait même de la sentence, ratifiés par Dieu ?

Dans le fond de la cathédrale, derrière le chœur à droite, s'ouvrent deux salles : l'une est celle où siégeait le tribunal ecclésiastique. Deux magnifiques bahuts de bois sculptés, ciselés dans le style de A. Berruguete, remplissent la première salle, qui, par une porte du style arabe aux dentelles de plâtre plus dures que la pierre, laisse pénétrer dans la seconde salle où se tenaient ces terribles juges ecclésiastiques. Une banquette de velours occupe les trois côtés; elle est surmontée des portraits de tous les archevêques. En face du siége destiné à l'archevêque, sur le mur, s'étend, peint à fresque, un *Jugement dernier* effroyable. Il est de Jean de Bourgogne, qui peignit également, dans la même salle, les principales scènes de la vie de la Vierge. C'est une peinture sombre, triste, effrayante. Le pauvre accusé devait sentir son sang se glacer en comparaissant devant ces noirs tableaux et ces noirs juges, dont la voix sépulcrale condamnait toujours, n'absolvait jamais. Maintenant que reste-t-il? Des tableaux, des pierres, du bois et quelques diacres, bavards, sales, prenant nombre de prises de tabac au milieu de nombre de papiers jaunis.

Derrière une grille élevée, derrière une portière énorme d'étoffe d'or et d'argent merveilleusement tissée, sur la droite de la cathédrale, à l'entrée, se

caché la chapelle mozarabe dont la coupole by-
zantine, s'élevant à l'extérieur, contraste bizarrement avec la tour gothique qui lui fait pendant.
L'occupation successive et tour à tour prédomi-
nante de Tolède par les Goths, les Juifs, les Musulmans, les Castillans, avait dû donner naissance à des sectes religieuses qui disparurent plus
ou moins sous l'oppression alternative les unes des
autres. Une de ces sectes survivait puissante en
1500, puisque le cardinal Tinero ordonna la construction d'une chapelle spécialement destinée au
rite mozarabe, qui se rapproche assez du rite
grec. La chapelle mozarabe renferme au-dessus
de l'autel une vaste mosaïque de la Vierge et
de l'Enfant Jésus. Cette mosaïque est un véritable chef-d'œuvre, et à quelques pas serait
prise pour une peinture pleine de grâce et de
fraîcheur. Dans le fond de la chapelle on voit à
droite du chœur, sous une vaste arcade, une
fresque représentant la prise d'Oran, selon *Toledo
Pintoresca*, par les Espagnols. Un chanoine mozarabe, don Manuel S..., dont je fis la connaissance, me l'a présentée comme étant la prise de
Grenade, ce qui semblerait assez naturellement
expliquer pourquoi, au premier plan, des Maures
d'un costume assez fantastique, sortant d'une
ville en amphithéâtre, s'embarquent au plus vite
dans des bateaux impossibles, destinés à naviguer
sur une mer vert pomme. Pendant l'occupation de
l'Espagne par les musulmans, le culte chrétien

subsista. Mais au onzième siècle, quand les chrétiens reconquirent Tolède, il se trouva que les
cérémonies catholiques différaient sur quelques
points du culte ancien, qui prit le nom de mozarabe. N'était-ce pas une sorte d'arianisme ? N'é-
tait – ce pas une reproduction plus exacte des
anciennes cérémonies religieuses du christianisme?
Quoi qu'il en soit, les mozarabes refusèrent d'a-
dopter le culte nouveau et formèrent une secte
particulière que la grande église toléra, et qui s'é-
teignit peu à peu. Elle se compose maintenant de
quelques familles, et le prêtre mozarabe est pro-
fesseur au séminaire.

Quand j'eus touché pieusement la pierre qui,
selon la légende, s'accroît mystérieusement depuis cinq siècles, récité trois *Pater* et trois *Ave*
devant la sainte cachette où l'hostie consacrée
resta pendant l'occupation des Maures, contemplé
la tombe orgueilleuse de ce noble castillan qui
voulut être enterré au plafond pour que le dernier
manant ne le foulât pas aux pieds, regardé l'é-
norme saint Christophe peint à fresque sur la
muraille gauche de l'église, parcouru les dix ou
douze chapelles dont je n'ai pas parlé, visité le
cloître orné des fresques du peintre Bayeu, exa-
miné tous les tableaux, admiré les milliers d'objets
d'art entassés dans l'immense cathédrale, je me
sentis, moi le romantique d'il y a quelques heures,
devenir le catholique, le croyant, le serviteur de
la grande puissance mystérieuse. J'inclinai de-

vant l'archevêque que mon .caprice mettait sur son trône, l'épée dont je me croyais armé, et je m'humiliai devant la grande conquérante. J'assistais en rêve à une de ces fêtes religieuses pour lesquelles l'église était trop petite. L'encens fumait, des chants divins se faisaient entendre, les mille splendeurs que j'avais admirées dans les armoires ressuscitaient et vivaient.

Tout à coup une cloche aigre retentit, un orgue à voix de fausset jeta quelques notes discordantes, cinq ou six vieux chanoines voûtés passèrent soutenus par des enfants de chœur, deux huissiers à perruque grise et à robe d'un rouge sale parurent, suivis d'un vieux prêtre écrasé sous une énorme chasuble. Les vêpres commencèrent. Les chants ne s'entendaient même pas. La réalité présente succéda à la réalité passée, à la poésie.

— Eh non! m'écriai-je, ce n'est pas là qu'est la vie.

Je sortis de la cathédrale. Je tombai dans une rue qui porte le nom de rue du Sang. J'ai su plus tard que saint Vincent Ferrer avait prêché à Tolède la croisade contre les juifs. On les égorgea, et leur sang coula à flots dans cette rue qui devint pendant trois jours un torrent de cadavres. Je gravis la rue du roi Rodrigue (*calle del rey Rodrigo*), et je parvins à l'Alcazar de Charles-Quint, dont les ruines dominent majestueusement la ville et la cathédrale.

L'alcazar fut construit en 1551 par Covarrubias

et Herrera. Les canons portugais, en **1708**, et les canons français, en **1808**, ont à moitié détruit le palais du souverain qui fit des papes, fut empereur d'Allemagne et vainquit François Ier. L'Alcazar était un grand bâtiment carré et lourd, auquel il est difficile d'accorder extérieurement le moindre mérite architectural. Ce n'est qu'une immense caserne. Les vastes appartements qui servaient aux logements de la cour n'ont rien de remarquable au point de vue de l'art. Ce qu'il y a seulement de beau, c'est un vaste patio entouré d'arcades et terminé par un escalier magnifique. Chacune des trente-deux arcades porte l'aigle impérial à double tête. On affirme que l'Alcazar contenait des objets d'art, des sculptures, des ciselures de la plus grande beauté. Il n'en reste rien.

L'histoire d'un peuple est écrite non-seulement dans ses monuments, mais encore dans la position que ses monuments occupent et dans l'état de conservation où ils se trouvent. La suprématie de l'Espagne, l'union de l'Allemagne et du midi de l'Europe n'existent plus, et l'Alcazar superbe de Charles V tombe en poussière. Et cependant il dominait la cathédrale, l'église, comme l'empereur dominait le pape. La fin de ce rêve de gloire et de grandeur suprême est à l'Escorial. Charles-Quint rêva la réunion du pouvoir temporel et spirituel, il ouvrit l'ère des Louis XIV, des Napoléon, et son rêve finit avec le moine Philippe II, qui mourut d'impuissance.

17.

Les ruines de l'Alcazar empruntent une grande majesté à ces gigantesques combinaisons de l'humanité passée.

Encore une œuvre brisée, pensais-je. Et je me perdais en réflexions infinies sur ces révolutions successives, sur ces grandes puissances dont l'œuvre était finie, dont il ne restait plus que des ruines dorées par un beau soleil. Ce qui augmente encore la vivacité de l'impression produite, ce sont l'abandon où tous ces monuments sont laissés et le silence qui règne dans cette ville, morte il y a deux siècles.

Par moments je voulais réagir contre ce que j'éprouvais. Je me représentais Paris, son animation, son courant d'idées, et j'en arrivais à douter de ce que je voyais. Mais j'avais un compagnon de voyage, et ce compagnon était comme moi, silencieux, étonné; il contemplait toutes ces ruines; son regard était étrange, il ne se ressemblait plus. Et il paraît que moi-même j'étais dans un état analogue. Sous l'empire de ce que nous voyions depuis le matin, nous n'étions plus nous-mêmes. Parisiens du dix-neuvième siècle, nous vivions dans le passé, nous nous trouvions même une personnalité distincte au milieu de toutes ces personnalités couchées dans le tombeau. Et cependant ce n'était pas à telle époque plutôt qu'à telle autre. Nous sentions pour ainsi dire l'humanité avec ces énormes monuments, ses habitudes, ses costumes, ses idées, ses mœurs, ses aspirations passer en nous.

Nous assistions au progrès, et le défilé général de tout ce qui avait existé, sous quelque forme que ce soit, commençait en nous, la grande cathédrale marchait en tête, et nous nous voyions passer nous-mêmes. Chaque siècle contenait une personnalité analogue à la nôtre, avec laquelle nous nous sentions des liens mystérieux.

La nuit venait. Le soleil colorait toutes ces ruines d'un même ton orangé délicieux. En vain faisais-je tous mes efforts pour échapper à ces réflexions qui m'assaillaient. Je m'accusais de ridicule ; je trouvais du dernier mauvais goût de faire ainsi des réflexions sur l'inconstance des choses humaines, et malgré ces moqueries, le démon des ruines s'emparait de moi, soulevait la tapisserie qui recouvrait le passé, et je voyais vivre l'histoire. Mon émotion fut si vive que je ne crains pas d'en parler comme je le fais.

Ceux qui ont voyagé et peut-être se sont trouvés dans la même position que nous, comprendront la fatigue qui nous accablait en rentrant à l'hôtel.

Encore une fois nous nous assîmes sur notre terrasse et nous vîmes la lune se lever. Le ciel était rempli d'étoiles. Alors je sentis se dresser en moi un immense *pourquoi*. Pourquoi la terre ? Pourquoi l'humanité ? Pourquoi nous ? Pourquoi moi ? Et j'étais pris d'un invincible désir d'aller vivre dans quelque planète éloignée, dans une nature différente, avec un corps, un cerveau tout autre ; et si ma conscience ne m'eût donné une promesse formelle, je crois que je n'aurais pas le plaisir d'écrire ceci. Je me serais tué par curiosité, quitte à en être fâché cinq minutes après.

Notre première course, le lendemain, fut naturellement dirigée vers la cathédrale, et nous pûmes constater combien nos premières impressions avaient été vives et vraies, puisque la nuit ne les avait pas diminuées. Nous sortîmes encore une fois émerveillés de ce que nous venions de voir, et fort inquiets de la situation des différents monuments que nous devions visiter : San-Juan de los Reyes, les synagogues, et mille autres curiosités.

— Où donc peut être la synagogue? demandai-je à mon compagnon de voyage. Et je cherchai de l'œil quelqu'un qui nous indiquât le chemin.

— Si vous voulez m'accepter pour guide, répondit en bon français un vieux monsieur que nous n'avions pas vu venir.

L'offre fut acceptée, et nous nous mîmes en route. Chemin faisant, nous apprîmes que M. Aizquivel, originaire des provinces basques, notre guide, était président de la commission historique de la province de Tolède. M. Aizquivel s'occupait d'un dictionnaire de la langue basque, prouvant que cet idiome bizarre vient d'Asie, comme les populations qui le parlent. Il avait réuni nombre de documents relatifs à son opinion, qui m'a semblé de la plus entière justesse. Quoi qu'il en soit, c'était, et j'espère que c'est encore, un charmant homme, qui nous fit voir et surtout comprendre Tolède.

Nous allâmes sous sa conduite visiter l'abbaye de San-Juan de los Reyes, une véritable merveille, sinon extérieurement, au moins intérieurement. Du monastère de San-Juan il ne reste plus qu'un corps de bâtiment transformé en musée provincial et dans lequel se trouvait la cellule du cardinal Ximenès. Il y a encore un cloître que l'on répare, et si joli que l'on regrette de n'être pas moine et de ne pas s'y promener chaque jour. Si jamais j'étais entré en religion, c'eût été à San-Juan de los Reyes. L'église est un chef-d'œuvre d'élégance et de ciselure. Ce furent Fernand et Isabelle qui la firent construire. San-Juan de los Reyes est un curieux exemple d'un genre d'ornementation particulier à l'Espagne et qui est le produit du mariage du style mauresque et du style de la renaissance.

Nous retrouverons plusieurs fois à Tolède des exemples d'ornementation, d'une finesse et d'une légèreté merveilleuse, appartenant à cette école qui précéda le style connu en Espagne sous le nom de *plateresco* et n'est, somme toute, que le genre flamboyant de la Renaissance. A San-Juan de los Reyes se trouvent deux tribunes suspendues à la colonnade de l'église, qui sont, dans ce style particulier, deux chefs-d'œuvre dignes de toute admiration. Malheureusement l'intérieur de la pauvre église n'a pas été respecté. Les Français y ont mis le feu et l'incendie a tout saccagé : il a réduit en cendres la bibliothèque du couvent. La France n'a jamais rien fait pour ce beau pays des Espagnes ; elle ne lui a envoyé que des rois ou des coups de fusil. L'extérieur de San-Juan de los Reyes n'a pas été mieux conservé. La façade était ornée des chaînes des prisonniers chrétiens rachetés aux Maures et des statues des rois d'Espagne. Les chaînes ont été prises pour orner une promenade publique ; quant aux statues, les Anglais touristes ou voyageurs faisaient casser les têtes et les achetaient au prix de un douro (5 francs) pièce : l'Anglais est le dernier des voyageurs.

Il paraît que nous avions plu à M. Aizquivel, car il ne voulut plus nous quitter ; lui aussi nous avait plu et nous lui parlions des grandes et vives impressions que ces monuments du catholicisme laissaient en nous.

— Vous n'avez pas tout vu, nous dit-il. Tolède, qu'on peut traverser dans tous les sens en moins de vingt minutes, contient environ quatorze paroisses plus ou moins abandonnées, mais toutes aussi plus ou moins curieuses. Joignez à cela l'existence de seize couvents de moines et trente-deux couvents de femmes. Ce dernier nombre vous étonne, ajouta M. Aizquivel, mais c'est que la con-

dition de la femme aux temps passés était chose
horrible, et presque toutes cherchaient sinon le
bonheur de l'âme au moins le repos du corps derrière les murailles des monastères. Ne croyez pas
mon énumération finie : il y avait en outre les
maisons de refuge, les séminaires et les hôpitaux.
En somme la moitié de la ville était occupée par
les prêtres, et cependant une ordonnance du roi
Alphonse avait défendu l'établissement de couvents dans l'intérieur de la cité.

Nous nous élançâmes sur les pas de M. Aizquivel qui, malgré son asthme, courait sur les pavés
pointus des rues de Tolède ; je dis mal, des corridors de Tolède.

Je n'ai pas la prétention de décrire ce que j'ai
vu, ni même d'énumérer les monuments, je me
contenterai de donner quelques indications inté-
ressantes pour la suite de ce récit.

A part quelques-unes qui datent des siècles
derniers, les églises paroissiales peuvent se diviser
en deux catégories : celles qui ont servi de mosquées aux Arabes conquérants, et celles qui sont
restées consacrées au culte chrétien pendant l'occupation de ces derniers et ont porté le nom de
chapelles mozarabes. Ces dernières remontent à la
plus haute antiquité. *Santa-Justa*, fondée en 554,
était la plus ancienne des six églises mozarabes.
Elle existe encore ainsi que *San-Lucas*. Les autres
sont tombées en ruines : *San-Miguel*, ancienne
église des Templiers après avoir été synagogue

juive ; *la Magdalena, Santo-Tome, Santa-Leoca-
dia, San Roman, San-Bartolome, la Concepcion,*
conservent malgré des restaurations inintelligentes,
et malgré leur état d'abandon et de ruines, nombre de traces de l'architecture arabe à laquelle
appartiennent presque tous les clochers. A l'intérieur, tantôt une porte, tantôt une ogive, tantôt
un vaso magnifique rappellent les Maures et leurs
merveilleux et charmants travaux. La cathédrale
elle-même renferme un joyau arabe, c'est une
porte de la salle de justice. Seul *San-Juan de los
Reyes* me semble avoir échappé à cette influence
artistique. La gracieuse arabesque, la fantaisie de
pierre a grimpé partout ; comme un lierre, elle
garnit les colonnes gothiques, cisèle les autels de
Jehovah et chante en dessins coloriés la louange
d'Allah !

Ce qu'il y a de singulier, c'est que plusieurs de
ces églises sont couronnées de créneaux et garnies
de tours. Pendant quatre ou cinq siècles, le catholicisme à Tolède, comme dans tout le reste de l'Espagne, fut obligé de se tenir en armes, non-seulement pour se défendre, mais encore pour détruire
ses ennemis ou ceux qu'il regardait comme tels.

Les paroisses de Tolède sont ornées de tableaux
appartenant pour la plupart à des maîtres espagnols plus inconnus qu'ils ne le mériteraient. Le
plus célèbre est Domenico Theotocopuli, cet
étrange artiste qui, pour fuir une fatale imitation
du Titien, se jetait dans des erreurs incompré-

hensibles et parfois, dans un tableau, faisait d'un détail un chef-d'œuvre.

Cette visite dans les églises paroissiales nous étonna beaucoup. Nous comptions trouver là encore le catholicisme et nous avions rencontré l'islamisme tellement puissant qu'il nous semblait maintenant que ce n'était plus lui, mais l'église au contraire qui avait conquis, dominé, absorbé. Nous fîmes part de notre étonnement à M. Aizquivel.

— Parbleu! nous dit-il; je suis fatigué et nous voici près de chez moi. Venez donc vous reposer pendant quelques instants et causer à loisir.

Nous le suivîmes. Il nous conduisit jusqu'à une grande maison dont l'extérieur était tout au moins peu intéressant. Nous pénétrâmes dans un vestibule sous lequel commençait un vaste escalier de couleur sombre, à rampe de pierre. Par curiosité j'enlevai la saleté et la poussière et je fus surpris de voir que l'escalier était de marbre.

— C'est, dit M. Aizquivel, un vieux palais dont la location me coûte cinquante francs par an.

Nous parvînmes, après avoir monté quelques degrés, dans une cour entourée de galeries couvertes soutenues par des colonnes de la plus charmante légèreté. Sur les murailles blanches une porte rouge tranchait désagréablement.

Un pied de biche pendait à un cordon de sonnette. Nous entrâmes dans un vaste appartement dont les murs étaient blanchis à la chaux.

Nous étions dans un petit palais des *Mille et une*

Nuits. Les fines arabesques couraient sur les plafonds arrondis en forme de dôme. Des poutres de cèdre merveilleusement ciselées, de teinte brune, ornaient les murailles dont la blancheur, dans la pénombre, produisait le plus délicieux effet. Bien assis dans ces chambres d'une agréable fraîcheur, on suivait de l'œil et avec plaisir tous les caprices de l'artiste arabe qui avait embrouillé sa rêverie dans les ciselures de la pierre.

— Vous étiez venu chercher le moyen âge à Tolède, nous dit M. Aizquivel, et vous pensiez trouver seulement le moyen âge de vos pays, c'est-à-dire les maisons gothiques, les églises. Vous les avez trouvées, c'est vrai; mais à Tolède, la ville catholique est doublée d'une ville arabe. Dans les églises que vous venez de visiter, vous avez trouvé la mosquée, et si vous compreniez l'arabe, vous eussiez lu les louanges d'Allah sur les autels catholiques. Tenez, voici une inscription qui est dans l'église de San-Roman :

« La prière et la paix sur notre seigneur et prophète Mahoma. Tous les fidèles qui en se couchant penseront et se recommanderont à l'alfaqui morabito Abdallah, n'entreront en aucune bataille sans en sortir vainqueurs, et si dans quelque combat que ce soit contre les chrétiens, ils meurent après avoir teint leur lance du sang des infidèles, ils iront sains et saufs, les yeux ouverts, en paradis, et leurs héritiers seront pardonnés jusqu'à la quatrième génération. »

Tolède, de **750** à **1085**, c'est-à-dire pendant près de trois cents ans, fut occupée par les Arabes. L'ancienne cathédrale, construite par Recarède, servit de mosquée principale. N'allez pas croire que ce fut une époque de malheur pour la future capi'ale des Espagnes. Les arts et le commerce se développèrent, grandirent et arrivèrent à leur plus haut point de splendeur. Les origines mystérieuses de Tolède, qui se perdent dans les siècles, séduisirent les Arabes, et ils considéraient comme ville sainte *Toleitola !* Quand les musulmans de Tolède capitulèrent, ce fut à la condition qu'ils conserveraient l'ancienne cathédrale comme mosquée principale. Voici comment les chrétiens reprirent possession de la basilique. C'est une anecdote caractéristique, une véritable légende historique.

Une nuit, en l'absence du roi Alonso X, qui avait accordé la capitulation aux musulmans, la reine doña Constanza et l'abbé don Bernardo (tous deux Français), réunirent une troupe de soldats et les dirigèrent sur la cathédrale. Des charpentiers abattirent les portes. On nettoya le temple. On fit des autels ; une cloche placée dans la tour appela les chrétiens aux offices. Les musulmans furent sur le point de prendre les armes ; mais ils avaient confiance dans la justice du roi. A la nouvelle de ce qui venait de se passer, Alonzo accourut, résolu à faire brûler la reine et l'abbé qui avaient violé la foi jurée.

Les principaux habitants de Tolède allèrent au

devant du roi, à quelque distance de la ville, et lui demandèrent la grâce de la reine. Il se montra inflexible. Ce furent les musulmans apaisés qui vinrent eux-mêmes se jeter aux pieds du roi et lui demander le pardon des coupables. Alonso comprit d'abord qu'ils lui demandaient justice. « Qu'est ceci? dit-il. C'est à moi qu'ils ont fait le mal et non pas à vous. Ils ont éventré ma foi et mon honneur. A l'avenir je ne pourrai plus me vanter de garder la foi jurée. » Enfin l'on s'expliqua. L'alfaqui qui conduisait les musulmans offrit de laisser aux chrétiens la mosquée principale. Alonso X pardonna. La statue de l'alfaqui est dans la cathédrale.

Cet épisode de l'histoire des Arabes vous montre combien était grande leur tolérance; ce qu'il y a de certain, c'est que le souvenir d'aucune violence de leur part n'est resté parmi les chrétiens, et ces derniers eussent bien dû imiter une pareille générosité et ne pas massacrer les hommes et détruire les monuments comme ils l'ont fait. L'Eglise a pu être en France et en Italie l'institutrice des peuples; en Espagne, elle a mis la lumière sous le boisseau : elle a tué les arts, l'industrie, la science avec les Arabes. Quand les rois eurent épuisé pour gouverner le monde les richesses que les Arabes avaient fait naître et laissé en Espagne, nous sommes retombés au dernier rang des nations. Les six ou sept siècles de l'occupation arabe sont la véritable époque de la puissance intérieure de l'Espagne. On chassa les Maures ; on gouverna le monde par des reîtres allemands soudoyés avec l'or des musulmans. L'Espagne était si riche qu'elle se paya l'empire d'Allemagne. Mais le véritable peuple espagnol n'existait pas ; le peuple espagnol proprement dit, celui qui grandit tous les jours, celui-là n'a pas deux siècles d'existence. Mais, venez voir à quel degré de civilisation les Arabes étaient parvenus.

Et M. Aizquivel nous entraîna à la mosquée du Cristo de la Luz. Pour le coup, il n'y a plus rien de gothique, l'architecture arabe dans toute sa pureté étale sa merveilleuse légèreté. On ne trouve pas trace de ce luxe d'ornementation qu'on prend trop volontiers pour type et qui n'est que le style mauresque, corruption du style pur. Le Cristo de la Luz est du même style que la célèbre mosquée de Cordoue.

C'est dans cette église purifiée par le prêtre que fut dite la première messe après la conquête de Tolède. Le roi Alonso VI y laissa sa croix et son bouclier. Le cheval du Cid Campeador s'agenouilla, dit-on, devant la porte de cette église que l'on quitte à regret.

—Nous avons assez vu d'églises et de mosquées, nous dit M. Aizquivel. Visitons les palais.

L'étrangeté de cette course rapide à travers ces monuments d'origines si différentes faisait naître en nous de nouvelles émotions, et les romantiques d'avant-hier, les catholiques d'hier devenaient musulmans aujourd'hui.

Comment ne pas permettre à l'imagination toutes les fantaisies, lorsqu'on visite les ruines de ces magnifiques palais arabes, connus à Tolède sous les noms de *taller del Moro, casa de Mesa, palacio de San-Miguel, palacio de Tornerias, palacio de don Diego, alcazar de don Pedro*, où les louanges des maîtres de ces heureuses demeures sont écrites sur les murs en arabesques légères, dont le temps n'a pas tout à fait détaché les couleurs harmonieuses. Comment ne pas aimer toute cette histoire, qui n'est qu'une série de légendes! On parle toujours de la chevalerie sortie du christianisme, de ce respect des femmes inspiré par la religion de l'Occident. Voici une légende que l'on raconte sur le château de San-Cervantes.

Le château de San-Cervantes est une ruine majestueuse qui s'élève sur une colline, de l'autre côté du Tage, dont les eaux bleues roulent en murmurant et séparent des montagnes environnantes le rocher à pic sur lequel est construit Tolède. En 1112, Alonso VIII, roi de Tolède reconquise sur les Arabes, alla porter la guerre sur le territoire des infidèles, à Curelia ou Aurelia, défendue par un chef arabe du nom d'Ali. Celui-ci, plein de confiance dans son courage et refusant les secours qui lui étaient offerts, envoya une armée assiéger Tolède, pendant que lui-même se défendait. La reine doña Berenguela avait déjà vu